일본인이 오해받는 100가지 말과 행동

국제교류와 비즈니스에서 일본을 이해하는 힌트

한일대역 ― 일본을 읽는다

일본인이 오해받는 100가지 말과 행동

국제교류와 비즈니스에서
일본을 이해하는 힌트

야마쿠세 요지 지음 | 이경수 옮김

日本人が誤解される100の言動
国際交流やビジネスで日本を再生するヒント

옮긴이의 글

아무리 영어나 일본어(혹은 외국어)를 잘한다고 해도 그들의 문화나 행동양식을 이해하지 못하면 의사소통 과정에서 여러 가지 오해가 생길 수 있다.

이 책은 '서양에서 본 동양', '동양에서 본 서양'이라는 관점에서, 우리가 흔히 볼 수 있는 문화적 차이를 객관적인 시각으로 다루고 있다. 서양과 동양의 문화, 구체적으로는 서양과 일본의 언어와 문화에 관한 다양한 사례를 제시함으로써 서로에 대한 이해의 폭을 넓힐 기회를 제공해준다. 따라서 이문화 간의 이해부족과 오해에서 비롯되는 문제점을 그대로 인정하면서, 문화적 마찰과 오해를 줄이는 데 큰 역할을 하리라 믿는다.

번역은 원본에 충실히 하려고 노력했으나 일부 복잡한 일본어 문장을 간결하게 번역한 부분도 있다. 이 번역이 완성되기까지 교정을 해주신 정영희 선생님, 황남덕 선생님께 감사를 드린다. 한일관계가 어려운 시기임에도 기꺼이 출판을 맡아 준 도서출판한울에도 감사의 마음을 전하는 바이다. 아무쪼록 독자와의 만남을 통하여 새로운 가치가 생겨나기를 기대한다.

「ありがとう」は温かい言葉で「がんばります」は力強い言葉です。

대학로 연구실에서 이경수

山久瀬 洋二

　海外の人との交流は、異文化体験の連続に他なりません。異文化体験とは、異なるコミュニケーションスタイルを持つ人と、会話をして理解を深めてゆく経験を意味します。英語ができても、相手のコミュニケーションスタイルが理解できない場合、そこに思わぬ落とし穴があるのです。

　日本人には、日本人独特のコミュニケーションスタイルがあります。そのスタイルは日本人の長年培われた価値観や社会通念、時には教育に支えられて、できあがったもので、現在我々はその背景すら知らずに、癖のようにそのスタイルをもって相手と話をし、メッセージを伝えているのです。もちろん欧米やアジアなど、他の国の人もその地域の文化や歴史的背景に支えられたコミュニケーションスタイルをもっています。

　ですから、欧米の人と交渉をし、彼らにプレゼンテーションをする場合、彼らのロジックの作り方や、彼らの心の琴線に触れる応対方法を知らなければ、どんなに英語をうまく話しても、我々の意図を相手にうまく伝えることはできないのです。

　異文化環境では、目に見える相手の行動や話し方だけに頼っ

들어가며

야마쿠세 요지

외국 사람과의 교류는 서로 다른 문화 경험의 연속일 뿐입니다. 이문화 경험이란 서로 다른 의사소통 방식을 가진 사람과 이야기를 해서 이해를 깊게 하는 경험을 의미합니다. 영어를 할 수 있어도 상대의 의사소통 방식을 모른다면 거기에는 예기치 못한 함정이 있습니다.

일본인에게는 일본인만의 의사소통 방식이 있습니다. 이는 일본인이 오랫동안 가꿔온 가치관과 사회통념, 때로는 교육을 통해 유지해온 것으로 현재의 우리는 그 배경을 모른 채 습관처럼 그 방식으로 상대와 이야기하고 메시지를 전달하고 있습니다. 물론 서구와 아시아 등 다른 나라 사람도 그 지역의 문화와 역사적 배경으로 만들어진 의사소통 방식을 가지고 있습니다.

그래서 서구 사람과 교섭하고 그들에게 프레젠테이션 할 때에 그들의 논리 구성법과 그들의 마음에 닿는 응대 방법을 모르면 아무리 영어를 잘해도 우리의 의도를 상대에게 제대로 전달할 수 없습니다.

서로 다른 문화 환경에서는 눈에 보이는 상대의 행위와 이

て判断することは危険です。それは水面上の氷山だけを見て航海をするようなもので、水面下にある、「相手がそのように行動し話をする理由や背景」への理解を深め、それに対応しながら自らの行動や話し方を調整する工夫が必要なのです。もちろん、それは一方的なものではなく、双方向の努力が必要であることは言うまでもありません。

　ここには、日本人ならではともいえる、そして外国人から見て不可解な日本人のコミュニケーションスタイル100の事例を紹介しています。この落とし穴の背景を理解して、さらに相手の氷山を見つめてゆく参考になれば幸いです。

야기 방법에만 의지하여 판단하는 것은 위험합니다. 그것은 물 위의 빙산만 보며 항해하는 것과 같으므로 물 아래에 있는 '상대가 그렇게 행동하고 이야기하는 이유와 배경'에 대한 이해를 깊이 하고 그것에 대응하면서 자신의 행동과 이야기 방법을 조정하는 노력이 필요합니다. 물론 그것은 일방적인 것이 아니라 쌍방의 노력이 필요한 것은 말할 것도 없습니다.

여기에는 일본인이라면 모두 그렇게 말할 수 있다. 그리고 외국인이 보았을 때 이해하기 어려운 일본인의 의사소통 방식 100가지를 소개하고 있습니다. 그 함정의 배경을 이해하고 또 상대의 빙산을 주시해가는 데 참고가 되기를 바랍니다.

目次

차례

第1部

誤解のプロセス 一般編
不可解な価値観, 誤解される行動

まずは、我々がごく一般に行っている日常の行動をチェックしてみます。話すときの視線や間合いなど、無意識に行っている日本人のコミュニケーションスタイルが、いかに海外の人に不思議に思われ、誤解されてしまうのか。え、こんなことが？と、そこには発見があり、時には唖然とさせられます。あなたが「不審者？」と思われないために、ぜひ知っておきたいチェックポイントをここに紹介します。

제 1 부

오해의 과정 일반편
이해할 수 없는 가치관, 오해받는 행동

먼저 우리가 아주 일반적으로 하고 있는 일상적인 행동을 체크해 보겠습니다. 말을 할 때의 시선이나 간격 같은 무의식적인 일본인의 의사소통 방식이 외국인들에게는 매우 이상하게 보이고 오해를 받기도 합니다. 이 글을 읽으면 당신은 새로운 사실을 알게 되어 '이럴 수가!' 하며 깜짝 놀랄 것입니다. 당신이 '이상한 사람'으로 오해받지 않기 위해서 반드시 알아두어야 할 체크포인트를 소개합니다.

第1章

能 vs. オペラ

面白くも不可解な
日本人の表情、そしてジェスチャー
能面の日本人と
どうしても思われてしまう

노 vs.
오페라

제1장
노 vs. 오페라

재미있지만 이해할 수 없는
일본인의 표정과 제스처
일본인은 마치 가면을 쓰고 있는 것 같다

　最近変わりつつあるとはいえ、いまだに日本人の感情表現
は、多くの外国の人に比べれば**地味**ですね。欧米のコミュニ
ケーションスタイルは、心の中と表情とを一致させて表現し
ます。能に対するオペラのようなものでしょう。移民の集ま
りであるそうした国々では、思っていることを表情にも出し
て相手と話さないと、誤解の原因になるのです。

　逆に日本では、表情を抑制し、**自制すること**がよいことだと
伝統的に思われてきたので、必ずしも**心の中の状態**と、表情は
一致しなくてもいいのです。

　だから、外国人が、日本人が話しているときの表情を見
ると不可思議に思えるのです。そう、能面みたいに見える
のです。

　日本人が海外で常に心がけなければならないことは、相手が
辛いときは、ちゃんと**深刻な顔**をし、うれしいときには喜びの
顔をすることです。これは意外と日本人には難しいことです。
苦笑いや、**照れ笑い**などは特に誤解の原因になるのです。

　外国人は、日本人のそうした癖を理解しておけば、誤解して

표정이 이상하다는 말을 듣는다.

일본인은 기쁠 때도 웃지를 않는다.
왜 그런 거야?

요즘 들어 변하고 있기는 하지만 아직도 일본인의 감정 표현은 외국인에 비해 **단조롭**습니다. 이에 비해 서양인은 의사소통을 할 때 마음과 표정이 일치합니다. 노(能, 가마쿠라 시대에 성립된 일본전통 가면 무극: 옮긴이)와 오페라 같다고나 할까요. 이민자들로 구성된 나라에서는 자기 생각을 표정에 나타내어 이야기하지 않으면 오해를 받을 수도 있습니다.

반면에 일본에서는 전통적으로 표정을 **자제하는 것**이 좋다고 생각했으므로 **마음의 상태**와 표정을 꼭 일치시키지 않아도 되었습니다.

그러므로 외국인은 일본인이 말할 때 그 표정을 보고 불가사의하다고 생각하는 것입니다. 마치 가면을 쓰고 있는 것 같다고 합니다.

일본인이 외국에서 항상 유념해야 할 일은 상대방이 괴로워하면 같이 **고민하는 표정**을, 기뻐하면 기쁜 표정을 지어야 합니다. 이것은 일본인에게는 뜻밖에 어려운 일입니다. **쓴웃음**이나 **멋쩍은 웃음**은 특히 오해의 원인이 됩니다.

이러한 일본인의 습관을 알게 된다면 외국인도 일본

日本人の友達を誠意のない人間だなどと思わなくてすむというわけです。

　わかりにくい日本人の表情の中でも、特に悲しみの表情は難解です。お隣の韓国でも、身内に不幸があれば、声を上げて悲しみを表現します。

　でも、日本では遺族でもそうしたことはめったにしません。特に人前では、**涙がポロリ**ということはあっても、大きな声を出したりはしないのです。そうすることを、「**取り乱す**」と言って、日本の文化では嫌われます。

　悲しいときもあえて表情に出さないことが**美徳**とされてきたので、必ずしも心の中の状態と、表情は一致しなくてもお互い理解し合えたのです。

　だから、外国人は日本人に**お悔やみ**を言ったり、お見舞いを言うときに不可解な気持ちになるのです。

　夫が死んで、お悔やみをうけるとき、「主人は皆様にお世

인 친구를 성의 없는 사람이라고 오해하는 일은 없을 것입니다.

일본인 슬플 때 왜 웃느냐며 놀란다.

외국인 이봐, 슬플 때는 쾌활한 표정을 짓지 말라고!

알 수 없는 일본인의 표정 중에서도 특히 슬픈 표정은 이해하기 어렵습니다. 이웃 나라인 한국에서는 가족에게 불행이 닥치면 소리를 지르며 슬픔을 표현합니다.

그런데 일본에서는 유족이라도 그런 행동은 좀처럼 하지 않습니다. 특히 다른 사람들이 있는 자리에서는 **눈물을 뚝뚝** 흘리기는 해도 큰 소리를 내지는 않습니다. 그런 행동은 '**보기 흉하다**'고 해 일본문화에서는 꺼리기 때문입니다.

아무리 슬퍼도 얼굴에 나타내지 않는 것이 **미덕**이라고 여겨왔으므로 마음과 표정이 꼭 일치하지 않더라도 서로 이해할 수 있습니다.

그러므로 외국인은 일본인에게 **애도나 위로의 말**을 할 때 묘한 기분이 듭니다.

남편을 떠나보낸 부인은 조문을 받으면서도 '여러분이

話になって幸せでした」と、妻は表情をやわらかくします。でも、手を見ればハンカチをぎゅっと握りしめ、必死で**悲しみをこらえている**のです。

　これは、日本人の**美意識**です。しかし、涙を流し、泣いて、時には髪の毛を振り乱して悲しみを表現する国民から見れば、確かに不思議なことですよね。

| 日本人 | 「a little bit」と言ったために非難囂々。 |
| 外国人 | トヨタの社長のあの一言、あれはみんなびっくりしたよ。 |

3

　自らの感情を抑制し、遠慮のモードで**控えめな表現**をすることをよしとする日本人は、本当は心の中では真剣に考え、重大なことだと思っていても、それを口にするときは、「少々気にしておりまして」などといった表現を使用します。日本人の間であれば、その意図が通じるでしょう。

　しかし、それを外国の人の前で英語で言った場合、意図とは全く異なった大きな誤解につながることがあるのです。

　2010年にトヨタのリコール問題がアメリカで話題になりました。豊田章男社長は、記者会見で「I am a little bit worried

다 잘 대해주서서 남편은 행복해했습니다'하며 온화한 표
정을 짓습니다. 그러나 손수건을 꼭 움켜쥐고 필사적으로
슬픔을 참고 있습니다.

　이것이 일본인의 **미의식**입니다. 그러나 눈물을 흘리고,
울고, 때로는 머리가 헝클어진 채로 슬픔을 표현하는 나라
의 사람들이 볼 때는 확실히 이상한 일입니다.

<table>
<tr><td>일본인</td><td>'a little bit'이라고 말했다가 몹시 비난을 받았다.</td></tr>
<tr><td>외국인</td><td>도요타 사장의 한마디에 모두 깜짝 놀랐다.</td></tr>
</table>

　자신의 감정을 억제하고 삼가는 자세로 **조심스럽게 표
현**하기를 좋아하는 일본인들은 속으로는 심각하고 중대
한 일로 여기면서도 말로는 '조금 걱정이 되어서'라는 표
현을 사용합니다. 일본인끼리라면 그 의도가 통할 것입
니다.

　그러나 그 말을 외국인 앞에서 영어로 하게 되면 자신의
의도와는 전혀 다른 큰 오해를 불러일으킬 수 있습니다.

　2010년에 도요타자동차의 리콜 문제가 미국에서 화제
가 되었습니다. 도요다 아키오 사장은 기자회견에서 'I'm

……」という言い方をしてしまいました。こんな重大な問題なのに、「少ししか気にかけていないのか」という風にとらえられ、現地の民意に**マイナス**に響いてしまったのです。

　「私の考えはちょっと違います」と言って、「a little bit」を使用したとき、日本人は「ちょっと」ではなく、全く異なる意見をもっている場合も多々あります。アメリカなどで、話をするときは、こうした日本人の意思表示の表現をそのまま言葉通りに英訳することは、とても危険であるということを、しっかりと心に留めておいてほしいのです。

日本人	あんた本気なのって疑われた。
外国人	あいつ、目を見て話さない。 何か隠しているのかな?

4

　厳しい**身分制度**があった江戸時代、日本では身分の高い人や、**立場の上の人**の目を見ることは、失礼なことだとされていました。

　そんな風習が今も無意識に受け継がれて、日本では相手の目をしっかりと見て話をすると、挑戦的だとか、**敵愾心**があるとか誤解されることが多くあります。

a little bit worried······'라고 말했습니다. 이 말은, 문제가 이렇게 중대한데 '대수롭지 않은 일'이라는 식으로 받아들여져 현지인들에게 **부정적인 인상**을 주었습니다.

일본인이 '내 생각은 조금 다르다'라는 의미로 'a little bit'이라는 표현을 사용할 경우는 실은 '조금'이 아니라 매우 다른 의견을 가지고 있는 경우가 많습니다. 이러한 일본적인 의사표현 방식을 그대로 영어로 직역해서 미국 등지에서 말하면 아주 위험하다는 사실을 명심해야 합니다.

일본인 진심으로 말하는 거냐고 의심받았다.

외국인 말할 때 눈을 보지 않으니 뭔가 숨기는 것 같다.

엄격한 **신분제도**가 있던 일본의 에도 시대에는 신분이 높은 사람이나 **손윗사람**의 눈을 똑바로 바라보는 것은 무례한 일로 여겼습니다.

그런 풍습이 무의식중에 지금까지 이어져 내려온 일본에서는 상대방의 눈을 똑바로 보고 이야기하면 도전적이거나 **적개심**이 있다는 오해를 받을 때가 많습니다.

だから、一般的に、日本人はアイコンタクトが弱いのです。

　それに比べ、欧米では、相手の目をしっかり見て話すのは信頼の証。目をそらせば、何か隠しているとか、まずいことがあるといった悪いイメージを相手に与えてしまいます。

　子供が親にしかられるとき、欧米では、「おい、お父さんの目をちゃんと見ないか!!」と言います。逆に日本で、子供がしかられているとき、親の目をじっと見ていると、「なんだその目は、お父さんの言っていることがわからないのか!!」となります。

　お互いの文化を知って、コミュニケーションをするには、こうした基本的なスタイルの違いを知っておくと大変役に立つのです。

| 日本人 | 目を開けたら、彼ら憮然としてた。 |
| 外国人 | あいつ腕組みして、目を閉じて、眠っているんだろうか? |

5

　外国の人が特に驚き、戸惑うのが、会議中に日本人の重役が**腕組みをして目を閉じている**ことです。これは視線どころの話じゃありません。だって、目を開けていないんですよ。

그래서 일본인은 일반적으로 눈맞춤에 약합니다.

이에 비해 서양에서는 상대의 눈을 똑바로 보며 이야기하는 것이 신뢰의 표시입니다. 눈길을 딴 데로 돌리면 뭔가 숨기거나 거북해하고 있다는 좋지 않은 인상을 주게됩니다.

부모가 아이를 야단칠 때에 서양에서는 '아빠 눈을 똑바로 봐!'라고 말합니다. 반대로 일본에서는 아이가 야단을 맞으면서 부모의 눈을 빤히 바라보면 '뭐야 그 눈은? 아빠가 하는 말을 모르겠다는 거야!'가 됩니다.

상대방의 문화를 알고 이러한 기본적인 차이를 알아두면 의사소통을 하는 데 큰 도움이 될 것입니다.

일본인 눈을 감고 있다가 뜨면 모두 놀란다.

외국인 회의 중에 팔짱을 끼고 눈을 감다니. 자는 거야?

회의 중에 일본인 중역이 **팔짱을 끼고** 눈을 감고 있으면 외국인은 몹시 놀라고 당황합니다. 이것은 시선에 관한 이야기가 아닙니다. 왜냐하면, 눈을 감고 있으니까요.

そんな日本の風習を知らない人は、ほぼみんな、「こいつ、この大切な会議で眠っている」とか、「何か我々が気に触ることでもしたのだろうか。あれはきっと不愉快に思っているんだよ」という風にとらえられてしまいます。

　会議の持ち方や、そこでの風習がいかに文化によって異なるかは、これからたくさんの事例で説明します。そして、「この腕を組んで目をつぶる」態度は会議で誤解を受ける最初の**つまずき**です。

　目を開けて、オープンな**姿勢**で。足を組んでもかまいません。しかも、身を乗り出して、**喜怒哀楽**をはっきりと言う。これが欧米での基本的なマナー。でもこういったことは日本人から見れば、**とっつきにくい**、あまりにもカジュアルな態度ですね。

　お互いにどう相手を**解釈して**よいかわからないぎくしゃくした関係ができないように、こうしたマナーや常識の違いを改めて確認しておきましょう。

일본의 풍습을 모르는 외국인은 거의 모두 '이런 중요한 회의에서 자고 있다니!' 또는 '우리가 뭔가 신경을 거스르기라도 했나? 저건 분명 불쾌하다는 표시야.'라는 식으로 받아들입니다.

회의 개최 방식이나 회의장에서의 관행이 문화에 따라 얼마나 다른가는 앞으로 여러 가지 사례를 들어 설명하겠습니다. 회의에서 '팔짱을 끼고 눈을 감는' 태도를 보면 상대는 처음부터 **맥이 빠지게** 됩니다.

다리는 꼬아도 상관없지만, 눈을 뜨고 격의 없는 **자세**로 몸을 앞으로 내밀고 **희로애락**을 분명하게 말하는 것이 서양인의 기본적인 예절입니다. 그러나 일본인은 이런 자세를 **몹시 거북해할** 뿐만 아니라 너무 가벼워 보인다고 생각합니다.

서로가 상대방의 자세를 어떻게 **이해해야** 할지 몰라 어색해지는 일이 생기지 않도록 예절과 상식의 차이를 다시 확인해 둡시다.

握手は欧米の風習です。ですから、日本人は相手と握手をするときの**握力の度合い**がわかりません。特にアメリカでは、強く相手の手を握って握手を交わすことは**信頼の証**です。当然、相手の目を見つめて、短い時間でしっかりと手を握ります。男女の間では、伝統的には男性が女性の手をそっと握って握手しますが、男女の平等が問われる現在は、女性ともしっかり握手するケースが増えています。

もし、日本人が**遠慮して**、強いアイコンタクトがなく、相手の手をゆるりと握り、しかも長々と握っていたりすれば、相手は「デッドフィッシュ」つまり死んだ魚を握っているような気持ちの悪さを覚えることでしょう。

これが握手の文化がなく、目線の弱い日本人が、外国人に誤解を与える第一歩です。「あれ、**変な奴**。自信がなさそうで、俺を避けているみたい」と相手に思われないためにも、こうした風習の違いを理解しておきましょう。

일본인 악수를 하고나면 기분 나빠한다.

외국인 일본인은 악수할 때 힘없이 잡아서 기분이 나쁘다.

악수는 서양의 풍습입니다. 따라서 일본인은 상대방과 악수할 때 **얼마나 세게 잡아야 하는지** 잘 모릅니다. 특히 미국에서는 상대방의 손을 꽉 잡고 악수를 하는 것이 **신뢰의 표시**입니다. 물론 상대방의 눈을 똑바로 보며 잠깐 동안 손을 꽉 잡습니다. 남녀 사이에서는 전통적으로 남성이 여성의 손을 가볍게 잡지만 남녀평등을 부르짖는 현재는 여성과도 힘 있게 악수하는 사례가 늘고 있습니다.

만약 일본인이 **조심하느라** 눈을 똑바로 못 맞추고 상대방의 손을 살살, 그것도 한참 잡고 있거나 하면 외국인은 죽은 물고기를 잡고 있는 것 같은 불쾌감을 느낄 것입니다.

이것은 악수 문화가 없고 시선 처리에 약한 일본인이 외국인에게 오해를 받는 첫걸음입니다. 상대방이 '뭐야, **이상한 녀석**이네. 자신감도 없고 나를 피하는 것 같은데'라는 생각을 하지 않도록 이런 풍습의 차이를 잘 알아두어야 합니다.

　人と人とが会話をするときの距離感が民族によって異なることをご存知ですか。欧米の人は、日本人より距離が近く、しかも相手と正面を向き合って、目を見つめて話をします。

　中近東の人はさらに距離が狭いと言われます。中近東の女性が、日本人の男性と仕事の話をするときに、その対人距離が狭いことから、日本人の男性が、「こいつ俺に興味あるのかな」と誤解したという冗談のようで本当の話があるのです。立食パーティなどで、外国人が日本人と話そうとすると、日本人が**後ずさり**をして、さらに外国人が日本人に近づくと、また後ずさりをするといったことがよくあります。問題は、それをお互い無意識に行っていて、最終的には「なんだか避けられているみたい」と欧米の人に誤解されてしまうことです。

　異文化の罠は**意外なところ**に潜んでいるのですね。日本人の皆さん、相手が近づいてきても、ぐっとこらえて、後ずさりをせず、相手の目を見てにこやかに応対しようではありませんか。

일본인 파티에서 뒷걸음질을 쳤더니 모두 다른 데로 가버리더라.

외국인 가까이 다가가면 뒤로 물러서는 일본인. 정말 이상해.

사람과 사람이 대화할 때의 대인 거리는 민족에 따라 다르다는 것을 아십니까? 서양인은 일본인보다 대인 거리가 가까우며 또 상대방과 마주 서서 눈을 바라보며 이야기합니다.

중근동 사람은 그 거리가 더 가깝다고 합니다. 중근동 여성이 일본인 남성과 업무 이야기를 하면서 너무 가깝게 다가오자, 일본인 남성은 '그 여성이 자신에게 관심이 있는 것'으로 오해했다는 농담 같은 진담이 있습니다. 스탠딩 파티에서 외국인이 일본인과 이야기하려고 가까이 갔더니 일본인이 **뒷걸음질**을 치는 바람에 다시 다가가니 또 뒷걸음질을 치더라는 얘기는 흔히 듣습니다. 문제는 서로가 무의식적으로 그런 행동을 하기 때문에 결국 외국인은 일본인이 자신을 피한다고 오해를 하게 됩니다.

이문화의 덫은 **예상치 못한 곳**에 숨어 있습니다. 일본인 여러분, 상대방이 다가오더라도 꾹 참고, 뒷걸음질치지 말고, 상대방의 눈을 바라보고 웃으며 응대해주도록 합시다.

日本人は腕組みが好きですね。特に年配の男性は。欧米のコミュニケーションスタイルで、**オープンな姿勢**という考え方があります。

体を開いて相手と話すことで、相手を受け入れ、相手に心を開いていることを伝えることがそれにあたります。腕組みは「閉じた姿勢」で、その逆にあたりますね。日本では、目上の人は年下の人の前などで、腕を組んで話をすることは別にそれほど問題行動ではありません。これもおそらく伝統的な**縦社会**の習わしを受け継いできた結果でしょう。

しかし、そんな風習や伝統は海外にはありません。ですから、欧米の人と話すときは、オープンな姿勢で肩の力を抜いて、にこやかな表情で会話を進めましょう。もちろん、深刻な会話の時はまじめな表情をすることも忘れないように。欧米の人は、日本人が腕組みをしていても、そんなに気にしなくてもいいのだということをあらかじめ知っておくと安心ですね。

팔짱을 끼고 있으면 싫어한다.

팔짱을 끼고 있으면 왠지 다가가기 어렵다.

　일본인, 그중에서도 특히 나이가 지긋한 남성은 팔짱을 끼기를 좋아합니다. 서양에는 **열린 자세**로 의사소통을 하는 사고방식이 있습니다.

　상대방을 받아들여 마음을 열고 대화를 나눈다는 뜻입니다. 팔짱을 끼는 것은 '닫힌 자세'이며, 이와 반대되는 것입니다. 일본에서는 윗사람이 손아랫사람 앞에서 팔짱을 끼고 이야기를 해도 그다지 유별난 문제행동이 아닙니다. 이는 아마 전통적인 **종적 사회**의 관습을 이어받은 결과일 것입니다.

　그러나 외국에는 그런 풍습이나 전통이 없으므로 서양인과는 열린 자세로 어깨의 힘을 빼고 미소를 띠고 대화를 나누도록 하십시오. 물론 심각한 대화를 할 때는 진지한 표정을 짓는 것도 잊어서는 안 됩니다. 서양인 역시 일본인은 팔짱을 끼는 습관이 있다는 것을 미리 알아두면 마음이 놓이겠지요.

　日本人は廊下ですれ違うとき、よほど仲の良い間柄でもないかぎり、お互いに少し脇に寄りながら**黙礼して**去ってゆきます。ここでも、相手の目を見ることはありません。これは、欧米人には理解できない行動です。何か堅苦しくて、しっくりしないばかりか、時には、「こいつ、何かここにいることを知られたくないんじゃないか」などと誤解されることもあるかも知れません。

　欧米では、廊下ですれ違うときは、相手の目を見て軽く「Hi（ハーイ）」と言って挨拶することが普通です。声を掛け合うことで、相手に安心感と親近感をもってもらうのです。特に、相手を見てニコッとする風習は、「私は安全です。ご心配なく」というメッセージを暗に相手に知らせることも意味します。

　ですから、エレベータなどで人と出会ったときなどは、ニコッとして挨拶することは、大切な常識なのです。

　日本人にはその常識はありません。むしろ、相手に対して**自らをへりくだって見せる**ために、そっと頭を下げて通り過ぎるのです。海外に旅するとき、出張するときは、この風習の

일본인은 아주 친한 사이가 아니라면 복도에서 마주치더라도 서로 살짝 옆으로 비키면서 **묵례를 하고** 지나갑니다. 이때에도 상대방의 눈은 보지 않습니다. 서양인은 이런 행동을 이해하지 못합니다. 왠지 서먹서먹하고 불편할 뿐만 아니라 때로는 '이 녀석은 자기가 있는 것을 알리고 싶지 않은 건가?'라는 오해를 할 수도 있습니다.

서양에서는 복도에서 마주치면 보통 상대방의 눈을 보며 가볍게 'Hi' 하고 인사합니다. 서로 말을 걸면 안심할 수 있고 친근감도 줍니다. 특히나 상대방을 보고 미소를 짓는 풍습은 '저는 안전한 사람이니 염려하지 마세요.'라는 메시지를 넌지시 전달하는 의미도 있습니다.

따라서 엘리베이터 같은 데서 사람을 만나면 살짝 미소를 지으며 인사하는 것이 서양인에게는 중요한 상식입니다.

일본인에게는 그런 상식은 없습니다. 오히려 **겸손하게 보이기** 위해 가만히 머리를 숙이고 지나갑니다. 해외여행이나 출장을 갈 때는 기본적으로 이런 풍습의 차이를 반드

違いはぜひ覚えておいてもらいたい基本的なものなのです。

<table>
<tr><td>日本人</td><td>ガイジンの上司の前で立ち上がったら、驚かれた。</td></tr>
<tr><td>外国人</td><td>机について仕事をしている人に話しかけたら、
なんで皆立ち上がるの?</td></tr>
</table>

10

特に上司や、目上の人がそばに来て話しかけると、日本人は**礼儀正しく**するために、立ち上がって相手とコミュニケーションしようとします。面白いのは、アメリカ人の場合などは、逆に上司などが部下の机に腰を下ろして話しかけたりするものです。

したがって、日本人の部下がスクーッと立ち上がると、外国人はびっくりして戸惑ってしまうこともあるようです。日本人から見れば、自分の机に腰掛けて話をしようとする外国人の方が、失礼千万。時には強圧的なプレッシャーすら覚えてしまいます。しかし、彼らは、話をする相手と平等に、しかもリラックスして話をしようとするが故にそうした行動をとるのだと言います。

すなわち、外国人は立ち上がった日本人の行動を見て、軍隊のような堅苦しさを感じ、日本人は外国人の態度を見て、**横柄で高圧的**だと思ってしまうのです。どちらも、まったく逆の

시 알아두어야 합니다.

일본인 **외국인 상사가 왔을 때
일어나서 이야기하면 깜짝 놀란다.**

외국인 **앉아서 일하는 중에 말을 걸면 왜 다들 일어서지?**

상사나 윗사람이 곁에 와서 말을 걸면 일본인은 **예의 바르게** 일어나서 상대방과 대화를 하려고 합니다. 미국인은 오히려 상사가 부하직원의 책상에 걸터앉아 말을 거는 점이 재미있습니다.

그러므로 일본인 부하직원이 벌떡 일어서면 외국인 상사는 깜짝 놀라 당황하기도 합니다. 일본인 측에서 보면 자신의 책상에 걸터앉아 이야기하려는 외국인이 도리어 무례해 보이고 때로는 심한 정신적 압박감까지 느낍니다. 그러나 외국인은 대화 상대방과 평등하게 긴장을 풀고 이야기하기 위해 그렇게 행동한다고 합니다.

이를테면 외국인은 일어서는 일본인의 행동을 보고 군대 같은 딱딱함을 느끼고, 일본인은 외국인의 태도를 **무례하고 고압적**이라고 생각하는 것입니다. 양쪽이 모두 완전히 반대되는 의도로 했는데도 말입니다. 행동 양식의 차

意図でしているにもかかわらず……。行動様式の違いが醸し出す、滑稽ながらも深刻な誤解がそこにあるのです。

<table>
<tr><td>日本人</td><td>横柄な態度に萎縮したら、もっと横柄になった。</td></tr>
<tr><td>外国人</td><td>我々の相手への気遣いをどうしてわかってくれないの?</td><td>11</td></tr>
</table>

　欧米の人は、ビジネスなどで相手とコミュニケーションをしようとするとき、できるだけリラックスし、カジュアルな姿勢で話し合うことで、より相手との信頼関係を強くしようと心がけます。アメリカ人の重役などは、時には机の上に靴をはいたまま足をおいて、両手を後ろ頭に組んで部下と話し合ったりします。

　しかし、この善意が日本人には通じません。公の場ではできるだけ礼儀正しくと教育を受けてきた日本人にとって、机の上に足をおくことは最もやってはいけないタブーです。まして土足で!!

　「なんであの人はむっとしているの?」と不可思議に思うアメリカ人が、ミーティングで、足を机の上においてはいなかったものの、ぼんと相手の前に足を投げ出して、背もたれ

이로 말미암아 우스우면서도 심각한 오해가 생기는 것입니다.

업무상 상대방과 대화를 나눌 때, 서양인들은 신뢰관계를 더 돈독하게 하려고 될 수 있는 대로 편안하고 격의 없는 자세를 취합니다. 미국인 중역은 가끔 구두를 신은 채로 발을 책상 위에 올려놓고 양손은 머리 뒤로 깍지를 끼고 부하직원과 이야기를 나누기도 합니다.

그러나 이런 선의가 일본인에게는 통하지 않습니다. 공식적인 자리에서는 가능한 한 예의 바르게 행동하라는 교육을 받고 자란 일본인에게 책상 위에 발을 올려놓는 행위는 절대로 해서는 안 되는 금기사항입니다. 하물며 신을 신은 채로라니요.

발을 책상 위에 올려놓지는 않았지만, 상대방 앞에서 다리를 쭉 뻗고 의자 등받이에 몸을 기댄 채 회의를 하던 미국인은 불편한 표정을 짓는 일본인을 보고 '저 사람, 왜 화가

によっかかったまま、打ち合わせをしていたのです。

　日本人も、こうした態度を誤解せずに、慣れてゆくことも
必要なのでしょうね。

| 日本人 | 姿勢を正したら、相手がびびった。 |
| 外国人 | 僕が話せば話すほど、相手は引いてしまう。嫌われているのかな？ |

12

　カジュアルに交流したがる欧米の人たちとの行き違いの中
で、最も典型的な誤解が、**一対一**で相手のオフィスなどで打ち
合わせをするときにおこります。

　先に紹介したオープンな姿勢を好む欧米人、特にアメリカ人
と、姿勢を正してどちらかというとクローズな姿勢で臨む日
本人が、一対一で対面すると、それでなくても大柄な人が多い
欧米の人はますます大きく見え、小柄な日本人はますます小さ
く見えます。

　この差が、欧米人からの**威圧**として、日本人に受け取られ、
あたかもマッカーサー元帥の前に連れてこられた戦犯のよう
な印象を与えてしまうのです。

　すでに紹介した様々な姿勢のほか、例えばアメリカ人は人

났지?' 하며 의아하게 생각합니다.

일본인도 외국인의 이런 태도를 오해할 것이 아니라 익숙해져야 합니다.

일본인 **자세를 꼿꼿이 하고 앉으면 외국인은 껄끄러워한다.**

외국인 **내가 말을 할수록 일본인은 더 위축된다.
나를 꺼려하는 건가?**

일반적으로 일본인이 서양인의 사무실로 찾아가서 **1 대 1로** 협의를 할 때 오해가 많이 일어납니다. 그 서양인이 격의 없이 교류하고 싶어 하는 때에는 더욱 그렇습니다.

앞에서 소개했듯이 열린 자세를 좋아하는 서양인, 특히 미국인과 닫힌 자세의 일본인이 1 대 1로 마주 앉으면 그렇지 않아도 몸집이 큰 미국인은 더 크게 보이고 왜소한 일본인은 더 왜소하게 보입니다.

이러한 차이 때문에 일본인은 **위압**감을 느끼고 마치 맥아더 원수 앞에 끌려온 전범처럼 초라해집니다.

이미 소개한 것처럼 미국인은 다른 사람 앞에서 다리를 꼬고 의자에 편안하게 걸터앉아 손을 팔걸이에 걸치고 열린 자세를 취합니다.

前で足を組み、椅子にゆったりと腰掛け、手を背もたれに引っ掛けてオープンな姿勢を作ります。

　日本人はというと、椅子に背を伸ばして腰掛け、両手を膝の上において、まっすぐ相手に対します。しかも、アメリカ人は、相手を直視して、時には大きなジェスチャーを加えて話しかけます。それに対して、日本人は下手な英語を必死でしゃべりながら、**視線はそらしがちで**、もちろんジェスチャーも少なく……。

　アメリカ人が話せば話すほど、日本人は縮まって寡黙に。異文化コミュニケーションは、一筋縄ではいきません。

日本人	天気の話をしたら、前にも聞いたって言われた。
外国人	暑いですねって、きまっているじゃん、夏なんだもの。

13

　日本人はエレベータなどで知り合いに会うと、**場をもたせるために**必ずと言っていいほど、天気の話をします。

　「暑いねえ」
　「本当に、いつまで続くんでしょうか」

이에 비해 일본인은 허리를 똑바로 펴고 두 손은 무릎 위에 올려놓고 상대방과 정면으로 마주앉습니다. 게다가 미국인은 상대방을 똑바로 보며 이따금 요란한 제스처도 섞어가며 이야기를 합니다. 그에 비해, 일본인은 있는 힘을 다해 서툰 영어로 말하면서 **시선을 피하고** 물론 제스처도 거의 없습니다.

따라서 미국인이 말을 하면 할수록 일본인은 더욱 위축되고 말수도 적어집니다. 이문화 간의 커뮤니케이션은 그리 간단한 문제가 아닙니다.

일본인 날씨 이야기를 했더니
조금 전에도 같은 말을 들었다고 한다.

외국인 여름이면 당연히 더운데 "덥죠?"라고 하다니……

일본인은 엘리베이터 같은 데서 아는 사람을 만나면 **분위기가 나빠지지** 않게 거의 모두가 날씨 이야기를 합니다.

'덥네요.'

'정말 더워요. 이 더위가 언제까지 계속될까요?'

「そうだねえ」

　といった風に。そして、お互い沈黙して、エレベータの文字盤を見つめています。

　日本語がわかる外国の人がこれを聞けば驚きます。というのも、ほとんどの日本人が、こうした状況では必ずと言っていいほど同じように振る舞うからです。

　「週末どうだった」
　「まあ、ゆっくりしていたよ」

　などといった、いわゆるスモールトークがほとんど天気の話題とは、というわけです。

　「暑いですね」
　「わかっているよ。だって夏だもん」

　あまり同じ会話が繰り返されるので、このように答えたいと思っている外国の人も結構多いのかもしれませんね。

'글쎄요.'

이런 식입니다. 그러고는 서로 입을 다문 채 엘리베이터의 숫자판만 바라봅니다.

일본어를 아는 외국인은 이런 말을 들으면 깜짝 놀랍니다. 그도 그럴 것이 거의 모든 일본인이 이런 상황에서 똑같은 행동을 하기 때문입니다.

'주말 어떻게 보냈어?'
'뭐, 그냥 푹 쉬었어.'

라고 해도 될 텐데, 세상 이야기는 대부분 날씨에 관한 것뿐입니다.

'덥네요.'
'알고 있어요. 여름이니까요.'

너무 똑같은 대화가 반복되니까 이렇게 대답하고 싶은 외국인이 상당히 많을지도 모릅니다.

　どんな国や民族にも、相手に意思を伝えるための**プロトコール**、すなわち無言のサインをもっています。しかも、その多くは**無意識**に行われているのです。そんな中で、日本人が無意識に行う拒絶や難色を示すジェスチャーが、後頭部に手をおいて、多少首を傾げながら歯の間から**息を吸い込む**ジェスチャーです。

　「**イヤー参ったな**」などと言って当惑の意思を示すとき、日本人は無意識に手を後頭部において首を傾げます。これは、昔過ちを犯したとき、自ら主君に首を差し出す**風習が残った**ものだという人がいますが、実際のところはわかりません。そして、このジェスチャーのとき、歯の間から息をスーっと吸い込めば、それは暗に相手に対して「君の提案はなかなか実現できないよ。困ったなあ」という意味を相手に無意識に伝えようとしているわけです。

　もちろん、これは日本人の間だけで理解できるプロトコール。外国人が見れば、**奇妙な仕草**に見えるだけで、その意味するところは不明なのです。

모든 나라나 민족은 상대방에게 의사를 전달하기 위한
교신수단, 즉 무언의 신호를 가지고 있는데 그 대부분은 **무
의식**적으로 이루어집니다. 그중에서 일본인이 거절이나
난색을 보일 때 무의식적으로 하는 제스처가 손을 머리 뒤
쪽에 대고 고개를 갸웃하면서 치아 사이로 **숨을 빨아들이는**
행동입니다.

'이거 참, 곤란한데요' 하며 당혹감을 나타낼 때 일본인은
무의식적으로 머리 뒤쪽에 손을 대고 고개를 갸웃합니다.
이런 행동은 잘못을 저질렀을 때 스스로 주군에게 목을 내
밀던 예전의 **풍습이 남아 있기** 때문이라는 사람도 있지만
확실하지는 않습니다. 그리고 이런 제스처를 할 때 치아 사
이로 훅! 하고 숨을 빨아들이면 그것은 '당신의 제안은 도
저히 실현 불가능합니다. 곤란합니다'라는 의미를 무의식
적으로 상대방에게 전달하려는 것입니다.

물론 이는 일본인끼리만 이해할 수 있는 습관입니다. 외
국인이 볼 때는 이해할 수 없는 **기이한 동작**에 지나지 않습
니다.

　英語を教えるアメリカ人教師の間で話題になったのが、日本人が自分を指差してびっくりした素振りを見せることです。アメリカでは、自分のことを示す時は、自分の胸に手を当てて、表現します。そんな風習は日本にはありません。

　英語学校などで、外国の先生が日本人の生徒をあてて何か質問したり、しゃべってもらおうとします。当てられた人は、びっくりしたような表情をして、自分を指差します。これは、「私ですか？」という意味ですが、その行為が奇妙なジェスチャーとして話題になったのです。外国の人が日本人の生徒や学生を一様に「日本人はshyですね」と言います。また、ビジネスの世界ではもう少し丁寧に、日本人のことをshyではなくpoliteと表現します。

　その背景には、自らをどんどん表現せず、**心にしまっておきがちな**日本人への戸惑いが見てとれます。先生に質問されて、自分を指差してびっくりした表情をすると、そうした印象に拍車をかけるというわけです。

일본인 손가락으로 나를 가리키면 다들 웃는다.

외국인 일본인은 왜 손가락으로 자기를 가리킬까?

　영어를 가르치는 미국인 교사 사이에서, 자신을 손가락으로 가리키며 깜짝 놀라는 일본인의 동작이 화제가 된 적이 있습니다. 미국에서는 자신을 가리킬 때에 자신의 가슴에 손을 갖다 댑니다. 그러나 일본에는 그런 풍습이 없습니다.

　영어 학원 같은 곳에서 외국인 선생님이 일본인 학생을 지목해서 질문을 하거나 말을 시키면 지목당한 학생은 깜짝 놀란 표정을 지으며 자신을 손가락으로 가리킵니다. 이것은 '저 말입니까?'라는 의미인데, 그 동작이 이상하다 해서 화제가 된 것입니다. 외국인 교사들은 하나같이 일본인 학생들이 소심하다고 합니다. 비즈니스 세계에서는 약간 정중하게 표현해서 소심한 게 아니라 예의 바르다고 합니다.

　그러나 그 배경에는 자신을 잘 드러내지 않고 **마음속에 담아두는 경향이 있는** 일본인에 대한 당혹감이 숨어 있습니다. 선생님의 질문을 받고 자신을 손가락으로 가리키며 깜짝 놀란 표정을 짓는다면 더욱 그런 인상을 주게 될 것입니다.

　最も多くの外国人が、日本人をイメージするときに真っ先に思い浮かべることが、**お辞儀**の習慣です。今では、日本人の特徴を示すステレオタイプなイメージにすらなっていますね。

　実際は、日本人でも握手もすれば、軽いカジュアルな挨拶もするのですが、あの深々と頭を下げるイメージが欧米に**定着している**ことは事実です。

　あるイギリス人が成田空港の駅で、駅員が出発する列車にお辞儀をしている風景を写真にとって、おもしろがっていました。いわく、「列車ってそんなに偉いのかな」

　日本人は列車にお辞儀をしていたのではないですね。列車に乗っているお客さんに対して、**敬意を払って**頭を下げているわけです。しかし、日本人のごく自然な行動が、ステレオタイプなイメージと重複してさらに滑稽に映ってしまう様子は興味深いものです。

　成田空港を出発するとき、**整備員**の人たちがきちっと飛行機の横に並んで出発する飛行機に手をふっています。アメリカの空港では、仕事を終えたら**無表情**で、のそっと車に乗っ

많은 외국인이 일본인 하면 가장 먼저 떠올리는 이미지가 머리 숙여 **절을 하는** 풍습입니다. 요즘은 일본인의 특징을 나타내는 틀에 박힌 이미지라고까지 할 수 있습니다.

악수할 때는 일본인도 머리를 가볍게 숙이지만, 머리를 깊게 숙이는 이미지가 서양에 **정착된** 것이 사실입니다.

어느 영국인이 나리타공항의 역에서 역무원이 출발하는 열차에 절을 하는 광경을 사진으로 찍고 재미있어했습니다. '열차가 그렇게 대단한가?'라고 생각했겠지요.

일본인은 열차에 절을 한 것이 아닙니다. 열차에 타고 있는 승객에게 **경의를 표하려** 머리를 숙인 것입니다. 그러나 아주 자연스러운 일본인의 행동이 '절'이라는 틀에 박힌 이미지와 중복되어 더욱 우스꽝스럽게 비친다는 것이 흥미롭습니다.

비행기가 나리타공항을 출발할 때 **정비사**들은 비행기 옆에 정렬해서 출발하는 비행기에 손을 흔듭니다. 미국 공항에서는 업무를 마치면 **무표정**한 얼굴로 슬그머니 차를 타고 가버립니다. 어느 쪽이 옳고 어느 쪽이 좋은지는 별개

て去ってゆくだけ。どちらが正しいか、どちらが良いかは
別にして、日本人特有の価値観を外国の人にわかってもらう
には、彼らの思考回路に合った丁寧な説明が必要なのかもし
れません。

| 日本人 | ニューヨークで、赤信号で止まったら、後ろの人とぶつかった。 |
| 外国人 | 車の来ていない交差点で赤信号を律儀に守る日本人って滑稽ね。 |

17

　夜の**がらんとした**交差点などで、赤信号の前でじっと立って
いる日本人をよく見かけます。ちなみに、ニューヨークで
は、赤信号でも車がきていなければ、皆どんどん交差点には
いります。

　日本人が複数いる場合、車が全くきていない交差点などで
は、他の人がどう動くかを気にしながら、皆早く渡りたくて
もじっとしています。そしてたまたま、誰かが渡り始める
と、それに遅れながら少しずつ交差点にはいっていきます。
「赤信号皆で渡ればこわくない」というわけです。

　自発的に行動することは時には**和を乱す**ことになるわけで、
日本人はそのことを特に気にしているようです。法は法なの

로 하고, 일본인 특유의 가치관을 외국인에게 알려주려면 그들이 이해할 수 있도록 자세하게 설명해주는 것이 좋겠습니다.

일본인 뉴욕에서 빨간 신호에 멈춰 섰다가 뒷사람과 부딪혔다.

외국인 차도 오지 않는 네거리에서
빨간 신호를 정확하게 지키는 일본인이 우습다.

한밤중에 빨간 신호가 켜져 있는 **텅 빈** 횡단보도에서 꼼짝 않고 서 있는 일본인을 종종 봅니다. 뉴욕에서는 빨간 신호가 켜져 있어도 자동차가 오지 않으면 모두가 횡단보도로 건너갑니다.

차가 전혀 오지 않는 횡단보도에서는 빨리 건너가고 싶겠지만 여러 사람이 있는 경우라면 일본인은 다른 사람이 어떻게 행동하는가를 신경 쓰면서 가만히 있습니다. 그러다가 누군가가 건너기 시작하면 뒤따라 모두 횡단보도로 들어섭니다. '다 함께 건너면 빨간 신호도 무섭지 않다'는 것입니다.

자기 뜻대로 행동하면 때로는 **조화를 깨트리게** 되는데 일

で、赤信号は守るべきかもしれません。しかし、こうした場面での人との**和を尊重し**（次項も参照）、行動しようとする日本人の意識が、外国人には不可思議にうつるのです。

日本人 贈り物をもらったとき、相手が心配そうな顔をした。

外国人 贈り物をもらっても表情一つ変えず、横において。嫌な奴!!

18

日本人の風習でよく指摘されるのが、贈り物をもらったときの態度です。「ありがとうございます」とか、「**どうぞお気遣いなく**」とただ丁寧に答えて、それを横において訪問者と対応する態度は、外国人から見ると実に理解に苦しむ風習です。

例えば欧米では、そもそもギフトギビングは、日本人ほど頻繁には行いません。逆に言えば、誕生日やクリスマスのように特別なとき、または何か相手に特別なことがあった場合など、自らの気持ちを伝えるために贈り物をするのです。したがって、受け取った側は、その気持ちをくんで、相手の目の前でそれを開けて、その中身を見て喜びを表現するのが常識なのです。

본인은 그런 점을 특히 신경 쓰는 것 같습니다. 법은 법이므로 빨간 신호는 지켜야 할 것입니다. 그러나 이런 상황에서 다른 사람과의 **조화를 존중하며**(다음 항 참조) 행동하려는 일본인의 의식이 외국인의 눈에는 이상하게 비칩니다.

일본인 받은 선물을 그대로 놓아두면
상대방은 실망스러운 표정을 짓는다.

외국인 선물을 받고도 무표정하게 옆에 놓아두면 불쾌하다.

일본인의 관습 중에서 자주 지적을 받는 것은 선물을 받을 때의 태도입니다. 선물을 전하면 '고맙습니다' 또는 '**이렇게 신경을 안 쓰셔도 되는데**'라고 정중하게 말하고는 선물을 옆에 그대로 놓아둔 채 손님을 상대하는 모습이 외국인에게는 이해가 가지 않는 모양입니다.

서양에서는 원래 일본만큼 선물을 자주 하지 않습니다. 생일이나 크리스마스 같은 특별한 날, 또는 상대방에게 무언가 특별한 일이 있을 때 자신의 마음을 전하기 위해 선물을 합니다. 그러면 받는 쪽에서도 상대방의 마음을 헤아리고 상대방이 보는 앞에서 선물을 열어보면서 기뻐하는 것이 상식입니다.

したがって、そうしたことをせず、ただ慇懃にそれを横においては、相手はがっかりしてしまいます。**喜びを抑え、遠慮しながら**相手をケアする日本人の風習は相手に逆の印象を与えてしまうのです。

따라서 선물을 열어보지 않고 정중하게 받아서 그냥 옆에 놓아두면 선물을 주는 사람은 실망합니다. **기쁜 마음을 자제하고 조심스럽게** 상대방을 배려하는 일본인의 풍습이 외국인에게는 정반대의 인상을 주는 것입니다.

第2章

和 vs. 個人主義

気高くもわかりにくい

日本人の価値観

「和」を尊ぶあまり

個性を失う日本人

제2장
화합 vs. 개인주의

격은 높지만 이해하기 어려운

일본인의 가치관

화합을 중시하다가

개성을 잃어버리는 일본인

　日本人の価値観に「和」というものがあります。「和」とは人間関係で**対立**せず、調和をとってゆくコンセプトを意味します。これは、一人が**突出する**のではなく、みんなでグループとして共同して作業し、生産していこうとする、**封建時代**の農村社会の習わしがその原点だという人がいます。

　いずれにせよ、日本人は、人間関係の和をまず前提において、仕事を進めます。これは、仕事を進める過程で次第に人間関係ができあがる他の国とは異なった価値観といえましょう。仕事を進めるために、お互いの背景をそれとなく知り、人と人との**つながりを作って**グループとして働いてゆくために、日本人は例えば同僚同士でランチに行ったり、夕食を共にして一緒に**お酒を飲んだりする**のです。

　これに対して、個人のライフスタイルや意識を重視する欧米では、ビジネス上の理由がないかぎり、ランチだからといって同僚と一緒に外に出たりはしません。ましてや、夕方から夜にかけては個人の大切な時間。ディナーやお酒を一緒にということもめったにありません。

일본인에게는 '화합'이라는 가치관이 있습니다. '화합'
이란 인간관계에서 **대립**하지 않고 조화를 맞춰나간다는
개념입니다. 이것은 어느 한 사람이 **돌출**하는 것이 아니라
모두가 집단을 이루어 공동으로 작업하고 생산했던 **봉건시
대** 농촌사회의 관습이 그 기원이라고도 합니다.

어쨌든 일본인은 우선 인간관계의 화합을 전제로 하여
업무를 추진합니다. 이는 업무를 추진하는 과정에서 점차
인간관계가 이루어지는 외국과는 다른 가치관입니다. 업
무를 추진하기 위해 서로의 배경을 넌지시 알아내어 **연줄
을 만들고** 집단으로 일을 해나가기 위해서 일본인은 동료
끼리 점심 식사를 하거나 저녁에는 함께 **술을 마시기도** 합
니다.

이에 비해 개인의 생활양식이나 의식을 중시하는 서양
에서는 업무상의 이유가 아니라면 동료와 함께 식사를 하
지는 않습니다. 하물며 저녁부터 밤까지는 개인에게 아주
중요한 시간입니다. 저녁 식사나 술을 함께하는 일은 좀처
럼 없습니다.

しかし、日本人にとっては一緒に食事をすることは、最も日常的な**グループ意識の醸成**方法なのでしょう。

和を**尊ぶ**日本人は、人と**面と向かって**対立することを極度に嫌います。それに、**謙遜**という価値観も手伝ってか、何かトラブルがおきると、まず相手にお詫びを言うことからコミュニケーションをスタートさせようとします。

それに対して、欧米人の多く、特にアメリカ人は、問題が発生した場合、まず自らのスタンスをしっかり主張し、説明しようとします。また、多くの場合、欧米ではお互いの主張を交換し、直接会話をしながら解決方法を模索します。

日本では、謝ることは必ずしも、解決のために次のステップを踏むことを意味しません。謝ることは、**その場の緊張をほぐし、相手との和を保つための手段**にすぎないのです。ですから、相手が謝ったとはいえ、そこからすぐに物事が解決するわけではないのです。

그러나 일본인에게는 함께 식사를 하는 일이 **공동체 의식을 기르는** 가장 일반적인 방법입니다.

일본인 사과를 했는데도 따지고 든다.

외국인 **일본인은 사과만 할뿐 상황은 바뀌지 않는다.**

화합을 **중시하는** 일본인은 다른 사람과 **얼굴을 맞대고** 대립하는 것을 극도로 싫어합니다. 게다가 **겸손**이라는 가치관까지 영향을 미치다 보니 무슨 문제가 생기면 우선 상대방에게 사과부터 하고 나서 대화를 나누려고 합니다.

그에 비해 대부분의 서양인, 특히 미국인은 문제가 발생하면 먼저 자신의 입장을 확실히 주장하고 설명하려고 합니다. 서양에서는 대부분 서로의 주장을 교환하고 직접 대화를 하면서 해결 방법을 모색합니다.

일본에서는 사과한다고 해서 반드시 문제를 해결하기 위해 다음 단계를 밟는 것을 의미하지는 않습니다. 사과하는 것은 **그 자리의 긴장을 풀고** 상대방과의 화합을 유지하기 위한 수단에 지나지 않습니다. 그러므로 상대방이 사과했다고 해서 모든 일이 바로 해결되는 것은 아닙니다.

欧米の人は、謝罪があれば、それは相手が過ちをみとめ、そこからそれを**回復する方法**を語ってくるものと期待します。

　この謝ることへの意識の違いが、ビジネス上のいろいろな誤解の原因になったりするのです。

　和を保とうとする日本人は、とかく**目立つ**ことを嫌います。**自分の意見をアピール**し、能力を人に表明しようとすると、得てして出る杭になって、打ち込まれてしまいます。

　逆に、欧米では子供の頃から、自分の意見をしっかりと表明し、自分の能力や特技を相手に**アピールする**ことは良いことだとして奨励されてきました。したがって、「出る杭」は大切にされるのです。

　日本人の**控えめ**で、**相手をたてながら**非公式な場を使って調整してゆくコミュニケーションスタイルは、欧米のそれと対極の位置にあるものといっても差し支えありません。日本で

서양인은 사과하는 것은 자신의 잘못을 인정하고 그 시점부터 문제를 **해결하려는 방법**을 이야기하는 것으로 생각합니다.

비즈니스에서는 사과에 대한 의식의 차이가 여러 가지 오해를 일으키는 원인이 되기도 합니다.

일본인	외국에서는 자기주장이 강한 사람이 도리어 인정을 받는다.
외국인	나서기 좋아하는 것은 개성으로 인정해줘. 능력을 발휘하고 싶으니까.

화합을 중요시하는 일본인은 대체로 **눈에 띄는 것**을 싫어합니다. **자신의 의견을 내세우고** 능력을 드러내려다 보면 자칫하다 모난 돌처럼 정을 맞게 됩니다.

반대로 서양에서는 어린아이 때부터 자신의 의견을 확실하게 표현하고, 능력이나 특기를 상대방에게 **드러내는** 것은 좋은 일이라며 장려해왔습니다. 따라서 '나서는 일'을 소중하게 여겼습니다.

스스로는 조심하면서 상대방을 높이고 비공식적인 자리를 이용해 조정해 나가는 일본인의 의사소통 방식은 서양과는 정반대라 해도 무방합니다. 일본에서는 상대방에게

は、相手に自分の能力を表明すると、**自己顕示欲が強い**というふうにネガティブにとられることがあります。逆に海外では、そうした行為をする人は、**何にでも挑戦する**強い意志のある人だと評価されることが多いのです。

　この「出る杭は打たれる」こそは、そうした日本人の**行動様式**を最も端的に**表した**表現であるといえましょう。

| 日本人 | ボスの目を見てたら、周りからため息が聞こえてきた。 |
| 外国人 | 自信がないのか、あいついつもボスのご機嫌をうかがっているよ。 |

22

　会議などの席で、日本人は社外の人間を前にして、何か自分の意見を言うときに、同僚や上司と**目配せをして**話しだす癖があります。それは、事前に打ち合わせていたことをもとに、同僚と確認をしながら、相手に話そうとするために行う信号のやりとりのようなものでしょう。

　集団で決裁し、和を保つために個人ベースで突出した意見を表明することを**控え**がちな日本社会では、常に社内やグループ内でのコンセンサスを確認することが要求されます。個人のパフォーマンスを重視する欧米人が日本人のこうした行為を見

자신의 능력을 표현하면 **자기 과시욕이 강하다**는 부정적인 인상을 주기도 합니다. 반면 외국에서는 그런 행동을 하는 사람은 **무슨 일에나 도전하고** 의지가 강한 사람으로 평가받을 때가 많습니다.

'모난 돌이 정 맞는다'는 속담은 이러한 일본인의 **행동양식**을 단적으로 **나타낸** 표현이라고 할 수 있습니다.

일본인 **회의를 하면서 상사를 바라보면 외국인은 한심해한다.**

외국인 **자신이 없어서인지**
일본인은 항상 상사의 눈치를 살핀다.

회의 등의 자리에 외부인이 있다면 일본인은 자신의 의견을 말할 때 동료나 상사와 **눈짓을 주고받은** 후 말을 꺼내는 버릇이 있습니다. 그것은 사전에 협의했던 내용을 토대로 서로 확인을 해가면서 이야기하기 위해 신호를 주고받는 것입니다.

집단으로 결재하고 화합을 위해 개인적인 돌출 의견을 **삼가는** 경향이 있는 일본사회에서는 항상 회사나 집단 내에서 미리 합의한 내용을 확인하면서 일하는 경향이 있습니다. 개인의 성과를 중시하는 서양인은 일본인의 이러

ると、自立していないか、**自信のない**行為のように誤解して
しまうのです。

　会議などで、欧米からやってきた外国人が**たたみかける**よ
うに日本側にアイディアや意見を表明し、日本人はただじっ
と黙っていたり、**曖昧な**返事をしたりすることがよくありま
す。そんなとき、日本人同士で無意識に目配せし合ったりする
と、欧米から来た人は、何か自分たちが**疎まれている**のではと
いうような誤解を与えてしまいます。

　こうしたちょっとした行為が、相手に不信感を与えるのは不
幸なことです。でも、その背景には、決裁方法やビジネスの進
め方に関する異文化間での常識の違いが潜んでいるわけです。

日本人	人を介して注意したら、とても嫌がられた。
外国人	ニコニコしていたくせに、 文句あるなんて、嫌な奴だね。

23

　日本人は、相手の行動に問題を感じた場合、得てして直接そ
れを伝えずに、人を介して注意したり、改善をお願いしたり
します。

　欧米、特にアメリカでは、相手に自らの感想を直接伝えるこ

한 행위를 보면 자립심이나 **자신감이 없는** 것으로 오해합니다.

회의 등에서 외국인은 **끊임없이** 일본 측에 아이디어나 의견을 제시하는데 일본인은 그저 입을 꾹 다물고 있거나 **애매한** 대답을 하는 경우가 종종 있습니다. 그럴 때 일본인 동료끼리 무의식적으로 눈짓을 주고받거나 하면 외국인들은 자신이 **소외를 당한다**고 오해합니다.

이러한 사소한 행위로 상대방에게 불신감을 주는 것은 불행한 일이지만 그 배경에는 결재방법이나 업무 진행방식에 대한 이문화 간의 상식의 차이가 숨어 있습니다.

일본인	다른 사람을 통해 주의를 주면 몹시 싫어한다.
외국인	싱글벙글 웃어놓고서 불평하다니, 마음에 안 든다.

일본인은 상대방의 행동에 문제가 있다고 생각하면 일반적으로 직접 말을 하지 않고 다른 사람을 통해 주의를 주거나 개선을 부탁합니다.

서양, 특히 미국에서는 상대방에게 자신의 의견을 직

とこそ、信頼の証だというコミュニケーションスタイルで生きています。

　もちろん、直接相手に自分の意見やアドバイスをするときの言い方には、いろいろなテクニックがあります。しかし、国際環境で人を介して相手に注意したりすることは、本人との信頼関係を損なってしまいます。

　日本人は和を保とうとするあまり、本人の前では得てしてにこにこしたり、問題がないように**振る舞う**傾向があるだけに、その落差は深刻です。

　注意や問題点の指摘は、その場で、プライベートな場を設定して、直接伝えるようにしたいものです。

日本人	なんでもやりますって言ったら、面接で落とされた。
外国人	もっとしっかり自分をアピールしないと 国際社会じゃ負けちゃうよ！

24

　「和」を尊ぶことをよしとする日本人が最も大切にしている価値観の一つに「**謙遜**」あるいは、「**謙虚**」という考えがあります。それは、自分のことを常に低い位置におき、相手に対してへりくだってコミュニケーションをする考え方のことです。

접 전달하는 것이야말로 신뢰한다는 증거라고 생각합니다.

물론 자신의 의견을 상대방에게 직접 말하거나 조언을 할 경우에는 다양한 방법을 사용할 수 있습니다. 그러나 국제적인 상황에서 다른 사람을 통해 상대방에게 주의를 준다면 상대방과의 신뢰관계가 깨어집니다.

일본인은 화합을 도모하기 위해 당사자 앞에서는 곧잘 싱글벙글하거나 아무런 문제가 없는 것처럼 **행동하는** 경향이 있는 만큼 그 차이는 심각합니다.

주의를 주거나 문제점을 지적할 때는 즉시 개인적인 자리를 마련하여 직접 전하는 것이 좋습니다.

일본인 '무엇이든지 하겠습니다' 했더니 면접에서 떨어졌다.

외국인 좀 더 분명하게 자신을 드러내지 않으면 국제사회에서는 뒤쳐진다.

화합을 중시하는 일본인이 가장 중요하게 여기는 가치관의 하나로 '**겸손**' 또는 '**겸허**'가 있습니다. 이는 자신을 낮추고 상대방을 높여 의사소통을 하는 사고방식입니다.

外国からきた部長クラスの人が、日本人の社員を採用しよう と思って面接をするとき、戸惑うことがあります。「あなた はこの会社でどのようなことをしたいと思っていますか」と 問うと、多くの日本人が、「なんでもやります。**積極的に取り 組みたい**と思います」と答えたりするのです。具体的に自ら の強いところをアピールすることを期待している外国の人か ら見れば、こう回答されると、戸惑って、「だから何ができ るんだよ、君は」ということになってしまいます。

　謙虚に会社に対して何でも学んでやろうという姿勢を示し た日本人も、その意図がくんでもらえずに、がっかり。お 互いに**噛み合う**ことなく、面接が終わるということになるの です。

　へりくだることを美徳とする日本の考え方をもって、自ら の力量を文化の異なる外国の人にわかってもらおうとする と、思わぬ落とし穴があるのです。

외국에서 온 부장급의 간부가 일본인 사원을 채용하기 위해 면접을 볼 때면 당황한다고 합니다. '당신은 이 회사에서 어떤 일을 하고 싶습니까?'라고 물으면 대부분의 일본인은 '무엇이든지 하겠습니다. **열심히 하겠습니다**'라고 대답한다는 것입니다. 구체적으로 자신의 강점을 말해 주기를 기대했던 외국인 간부는 이런 답변을 들으면 '자네가 잘할 수 있는 건 구체적으로 어떤 일인가?' 하고 반문하게 됩니다.

겸손한 태도로 회사에서 무엇이든 배우겠다고 말한 일본인 지원자도 면접관의 의도를 이해할 수 없어 답답하기는 마찬가지입니다. 즉 서로의 의도가 **맞아떨어지지** 못한 채 면접이 끝나버립니다.

상대방을 높이고 자신을 낮추는 것을 미덕으로 생각하는 일본식 사고방식으로 문화가 다른 외국인에게 자신의 역량을 이해시키려 하다 보면 예상치 못한 함정에 빠질 수가 있습니다.

　「何でもやります」ということよりまずいのは、「私はまだまだ**未熟**ですから」とか、「何もわかりませんので」とかいう表現で、謙遜する場合です。

　採用面接などのときに、こうした表現で欧米の人に接すると、謙遜しているとは思われず、日本人の言っている言葉を額面通りに受け取りかねません。「仕事ができないのなら、**わざわざ**面接を受けにくるなよ。時間を**無駄にする**じゃないか」と彼らは日本人のことを誤解します。

　このケースは意外と多くおきています。前章で説明したように、もともと日本人の表情やジェスチャーが外国の人から見れば曖昧で、何か**躊躇している**ように見えるわけですから、それに加えてへりくだったことを言えば、日本人であれば、その人の真摯な態度を評価するかもしれませんが、海外では**逆効果**なのです。

　「能ある鷹は爪を隠す」ということわざがあります。しかし、異文化環境では、時には自らの鋭い爪をしっかりと見せた方がいいのかもしれませんね。

'무엇이든지 하겠습니다'라는 말보다 더 곤란한 것이 '아직 많이 부족합니다' 또는 '아무것도 모릅니다만'이라는 표현으로 자신을 낮추는 경우입니다.

채용 면접시험을 보면서 외국인 면접관에게 이렇게 대답한다면 겸손하다고 생각하는 게 아니라 일본인의 말을 액면 그대로 받아들여, '능력이 없으면 **일부러** 면접을 보러 오지 말아야지. 시간 **낭비** 아닌가?' 하며 일본인을 오해합니다.

이런 상황은 뜻밖에 많이 일어납니다. 앞에서도 설명했듯이 외국인들은 원래부터 일본인은 표정이나 제스처가 애매하고 뭔가 **주저주저하는** 것 같다고 생각합니다. 그런 데다 자신을 낮추는 말까지 한다고 생각해 보십시오. 일본인이라면 그 사람의 진지한 태도를 평가해줄지 모르지만, 외국인에게는 오히려 **역효과**를 가져옵니다.

'능력 있는 매는 발톱을 숨긴다'는 일본속담이 있습니다. 그러나 문화가 다른 환경에서는 때때로 자신의 날카로운 발톱을 확실하게 드러내는 편이 좋습니다.

　日本人の謙遜の表現が最も典型的な形で表現されるのが、家族を他所の人に紹介するときです。どんなに自分の子供や**配偶者**をすばらしいと思っても、多くの日本人はそれを直接相手に伝えませんし、相手もそのように期待していません。

　むしろ自らの子供を紹介するときは、日本人は、「この子はまだ何もわからず、お恥ずかしいかぎりですが」などと言って謙遜します。時には自分の**愛妻**を「愚妻」などと言って表現します。

　思いと言葉が一致しないのが、謙遜という価値のメカニズムなのです。このメカニズムは欧米の人には理解されません。「愚妻」などと言えば、なんとひどいことを、奥さんがかわいそうという印象を相手に与えかねないのです。

　相手に思いをそのまま伝えることをよしとする文化と、思いをそのまま伝えるのではなく、状況に応じてその表現を変えるマナーを大切にする日本人との意識のギャップがここに見てとれます。

일본인의 겸손표현이 가장 전형적인 형태로 나타나는 것은 가족을 다른 사람에게 소개할 때입니다. 아무리 자신의 자녀나 **배우자**가 훌륭하다고 생각해도 대부분의 일본인은 그 점을 직접 말하지 않으며 상대방 역시 그런 기대를 하지 않습니다.

오히려 자신의 자녀를 소개할 때는 '이 아이는 아직 아무것도 몰라 부끄럽기 짝이 없습니다' 하는 식으로 겸손하게 말합니다. 때로는 **자신의 사랑하는 아내**를 '변변치 않은 집사람'이라고 표현합니다.

생각과 말이 일치하지 않는 것이 겸손이라는 가치의 구조입니다. 이 구조를 서양인은 이해하지 못합니다. '변변치 않은 아내'라고 말하면 상대방은 '저렇게 심한 말을 하다니, 부인이 불쌍하네'라고 생각할 수도 있습니다.

자기 생각을 상대방에게 그대로 말하는 문화와 자기 생각을 그대로 전하는 것이 아니라 상황에 따라 바꾸어 예의를 소중히 표현하는 일본인과의 문화 차이를 여기서도 알 수 있습니다.

　「和」を尊ぶ、日本人は、どのような場所で人とコミュニケーションをするべきかに**こだわり**、そのための独特なプロトコールをもっています。そしてこのことが、外国人を**翻弄してしまう**のです。「場」とは場所のことですが、さらに適切なタイミングと場所を選んで人とコミュニケーションをすることを指す言葉でもあります。

　昔、上に立つ者が、下の立場の人を**叱責する**ときに、「場をわきまえないか！」という風によく言ったものです。それは、言うべきタイミングと場所、そして相手をちゃんと理解して行動せよという意味に他なりません。

　例えば、日本ではアイディアをいきなり会議の場に持ち出しても、却って**逆効果**ということがあります。反応も悪ければ、情報をとることもできません。そうした場合、別の場で、様々な個人ベースの打ち合わせが必要になります。

　しかし、これは日本人だけに通用する常識です。日本人には自然に思われても、外国から来た人にとってはまったく不可思議。

화합을 중요시하는 일본인은 의사 전달을 하는 장소에
도 **신경을 쓰는** 독특한 관습을 가지고 있습니다. 이런 점 역
시 외국인을 **헷갈리게** 합니다. '장소'란 어떤 공간을 의미하
지만 적절한 시간과 공간을 골라서 사람들과 의사소통을
하는 자체를 가리키기도 합니다.

예전에는 높은 자리에 있는 사람이 아랫사람에게 '장소
도 구분 못 하나'라고 **꾸짖기도** 했습니다. 이는 말해야 할
적절한 시간과 공간, 그리고 상대방을 제대로 이해하고 행
동하라는 의미입니다.

가령 일본에서는 회의 중에 느닷없이 아이디어를 내놓
으면 오히려 **역효과**를 가져올 수 있습니다. 다른 사람들
의 반응이 나쁘면 정보도 얻지 못합니다. 그럴 때에는 별
도의 장소에서 개인적으로 만나 여러 가지로 협의할 필요
가 있습니다.

그러나 이런 일은 일본인끼리만 통하는 상식입니다. 일
본인이라면 이런 일을 자연스럽게 여기겠지만, 외국인들
은 도저히 이해를 못 합니다.

グローバルな場では、常にオープンな対応に心がけ、気になる情報共有は、会議も含む様々な場所で念には念をいれて行うべきです。

日本人がプロジェクトを進めるときや、重要な決裁を行うために、別の場を設け、個々にコンセンサスをとってゆこうとするやり方を「根回し」と言います。

根回しは、個人的な場で、一人一人に対して自らの考えを説明し、それについて意見交換をしながら**合意を取り付けてゆく**作業のことです。この方が、和を保ったまま、会議で合意が取り付けられるというわけです。

根回しは会社の中で行われるだけではなく、夕食を共にしたり、お茶を飲んだりといった会社とは別の場所で行われることも多くあります。案件が重要であれば、一緒にお酒を飲んだりしながら話し合うことも珍しいことではありません。ちょうど、国会議員への**ロビー活動**のようなものと思えばい

국제적인 환경에서는 항상 열린 마음으로 대응하고 중요한 정보를 공유할 때는 회의는 물론 다른 장소에서도 신중하게 행동해야 합니다.

일본인 사전교섭을 하려 하면 비겁한 사람으로 취급한다.

외국인 그럴 거면 무엇 때문에 회의를 하나?

일본에서는 프로젝트를 진행하거나 중요한 결재를 받아내기 위해 미리 별도의 자리를 마련하여 개별적으로 합의를 이루어가는 방식을 '사전교섭'이라고 합니다.

사전교섭은 개인적인 자리에서 한 사람 한 사람에게 자신의 생각을 설명하고 의견을 교환하면서 **합의를 성립시켜가는** 작업입니다. 이런 방식은 화합을 유지하면서 회의에서 쉽게 합의를 끌어낼 수 있게 해줍니다.

사전교섭은 회사 안에서뿐만 아니라 회사와는 별개의 장소에서 함께 저녁 식사를 하거나 차를 마시면서 할 때가 많습니다. 안건이 중요하면 함께 술을 마시면서 이야기를 나누는 것도 이상한 일은 아닙니다. 흡사 국회의원에게 하는 **로비 활동**과 비슷합니다.

いかもしれません。

　根回しがうまく行けば、会議では最終的な報告と共に、ほとんど議論することなく決裁がおります。海外の人から見れば、それではいったい会議は何のためにあるんだろうと思ってしまいます。根回しに直接加わることを予測もしていない外国人は、会議に出席してもそれほど皆がしゃべることなく議事が進行してゆく様子を**怪訝**に見守るだけとなります。

　グローバルな社会では、こうした日本独特の間接的なコミュニケーションがうまく作用しないことも多いのです。

日本人 建前で話したら、それを本気にされた。

外国人 いつもどうして後で文句を言ってくるの?

29

　「場」を選んでコミュニケーションする目的は、より個人的な関係の中で、相手と本音で意見交換することにあります。

　人の本心を示す「本音」と**外交辞令**や公でのスタンスを示す「建前」は、日本人のコミュニケーションスタイルを理解する上で、重要な概念です。日本人は、場と相手によって、本音と建前を微妙に使い分け、意見交換をします。それは全ての人

사전교섭이 잘 이루어지면 회의에서는 거의 논의를 하지 않고 최종적인 보고와 더불어 결재가 납니다.

외국인들은 그럴 거면 도대체 무엇 때문에 회의를 하는지 의아하게 생각합니다. 미리 사전교섭을 했으리라고는 전혀 예상하지 못한 외국인은, 회의에 참석한 일본인들이 아무런 의견도 내지 않고 의사를 진행해가는 모습을 **의아하게** 주시할 수밖에 없습니다.

글로벌 사회에서는 이러한 일본 특유의 간접적인 의사소통 방식이 제대로 작용하지 않을 때도 많습니다.

일본인 의례적으로 한 말인데, 그걸 정말인 줄 알다니.

외국인 왜 항상 뒤에서 불평을 하는 거지?

장소를 가려가며 대화를 하는 목적은 좀 더 개인적인 관계에서 상대방과 진심으로 의견을 교환하는 데 있습니다.

사람의 본심을 나타내는 '혼네(本音)'와 **의례적인 말**이나 공적인 입장을 나타내는 '다테마에(建前)'는 일본인의 의사소통 방식을 이해하는 데 아주 중요한 개념입니다. 일본인은 장소와 상대에 따라 혼네와 다테마에를 미묘하게 구분

と「和」を保つためのテクニックであり、人とストレスなく円滑に交流するためのノウハウなのです。

本音と建前に関する外資系企業の話です。日本の担当者がいろいろと細かい注文やクレームばかり本社に言うので、本社の**担当者**が気になって日本にやってきました。顧客に会って、そのニーズを聞こうとしたのです。

ところが、いざ顧客に会って見ると、あたかも何も問題がないかのごとく、ニコニコと応対され、問題ないですよ、ありがとうと言うのです。本社から来た担当者は戸惑うばかり。日本の**営業員**はなぜあんなに文句ばかり言ったのだろうと、不思議に思ったのでした。

この場合、日本人の営業員と顧客とは「本音」で情報交換し、日本人の顧客は本社からの担当者に「建前」で応対したわけです。本音を交せる「内」と建前で動く「外」の状況（次項を参照）が微妙に交錯した日本ならではのコミュニケーションスタイルといえましょう。

もし、外国から来た担当者が、顧客と夕食でも共にして、一緒にお酒でも飲めば、少しは本音を聞き出せたかもしれません。そんなオリエンテーションを日本人の営業員が行って、さらに顧客とのそうした場の設定をしておくことは、とても大切なことなのです。

해가며 의견을 교환합니다. 그것은 모든 사람과 화합을 도모하는 기술이며 다른 사람과 스트레스 없이 원만하게 교류하는 요령입니다.

혼네와 다테마에에 관한 외국계 기업의 사례입니다. 일본의 담당자가 너무 까다롭게 굴고 계속 이의를 제기해서 걱정이 된 본사의 **담당자**는 고객을 만나 요구사항을 들어보기 위해 일본으로 왔습니다.

그런데 막상 고객을 만나보니 별일 아니라는 듯이 싱글싱글 웃으며 '아무 문제없습니다, 감사합니다'라고 말하는 것입니다. 본사에서 온 담당자는 당황해서 '그런데 일본의 **영업사원**은 어째서 그렇게 불평만 한 거지?' 하며 이상하게 생각했습니다.

이런 일이 일어나는 것은 일본인 고객이 일본인 영업사원과는 '혼네'로 정보를 교환했고 본사에서 온 담당자에게는 '다테마에'로 응했기 때문입니다. 이는 혼네를 주고받을 수 있는 '우치(內)'와 다테마에로 대응하는 '소토(外)'라는 상황(다음 항 참조)이 미묘하게 뒤얽힌 일본 특유의 의사소통 방식이라 할 수 있습니다.

만약 외국에서 온 담당자가 고객과 저녁 식사를 같이하거나 함께 술이라도 마셨다면 본심을 조금은 들을 수 있었을지 모릅니다. 본사의 담당자에게 그러한 일본의 미묘한

そして、せめて営業員と顧客との本音での会話に、海外からの担当者をいれてあげたいものですね。

　「本音と建前」を理解するには、「内と外」という概念を知る必要があります。内とは、自分が所属している団体、共同体、そして国のことです。家族が最小限の単位の「内」ですが、日本では特に、常に一緒に仕事をしている会社の同僚を「内」としてとらえ、そこでは単にビジネスのことだけではなく、個人的な人間関係をも構築してゆきます。

　そして、その内に入らない人や社会は「外」で、そこでは基本的に外交的な付き合いがあるだけです。内の人間に本当に思っていることを伝えることが「本音」なのです。それに対

정서를 미리 알려주고, 고객과 진심으로 이야기할 수 있는 자리를 마련하는 것은 일본인 영업사원이 해야 할 아주 중요한 일입니다.

하다못해 영업사원 자신과 고객이 솔직한 대화를 나누는 자리에 해외에서 온 담당자를 반드시 참석시켜야 하는 것입니다.

일본인	**본심을 말할 수 없는데도 외국인은 따지고 든다.**
외국인	**이해하기 어려운 정도가 아니라 이래서는 신뢰를 할 수 없다.**

'혼네'와 '다테마에'를 이해하려면 먼저 '우치'와 '소토'라는 개념을 알아야 합니다. '우치'란 자신이 소속된 단체나 공동체 그리고 국가를 말합니다. 가족은 '우치'의 최소 단위입니다. 그러나 일본에서는 늘 함께 일하는 회사 동료를 '우치'로 파악하여 업무뿐만 아니라 개인적인 인간관계까지 쌓아 나갑니다.

'우치'에 속하지 않는 사람이나 사회는 '소토'가 되며 그런 관계에서는 그저 형식적으로 교제할 뿐입니다. 즉, '우치'에 속하는 사람에게 자신의 마음을 솔직하게 전달하는

して「外」の人間に対して話をする、**うわっつら**の外交辞令が「建前」となります。

　この概念がもたらす**確執**は、**外資系企業**では頻繁に見られます。外資系企業に勤めると、日本人同士のように、海外の人と仲間意識がもてないために、なかなか本音がしゃべれません。つまり、相手を「内」の人間として認識しづらいのです。

　いつまでも自らの組織を内としてとらえられない日本人。そんな日本人に本社のためにもっと積極的に販売戦略を立てよなどとプレッシャーをかけてくる海外の同僚。この心理構造の確執は、外資系企業にとってのクラシックな課題といえるでしょう。

日本人	人に意見を求めたら、お前はどうなんだと非難された。
外国人	ダメならダメと直接言ってほしい。なんで語りかけてくれないの?!

31

　これは商談などでよくあることですが、顧客の前で上司が部下に、「君、この提案についてどう思うかね」と意見をふって、**部下**が「そうですね。今の状況ではちょっと……」などと

것이 '혼네'이며, '소토'에 속하는 사람에게 **겉치레로 하는** 의례적인 말이 '다테마에'입니다.

이러한 개념 때문에 일어나는 **갈등**을 **외국계 기업**에서는 자주 볼 수 있습니다. 외국계 기업에 근무하는 일본인은 외국인에게 일본인 동료와 같은 동료의식을 가지지 못하므로 좀처럼 '혼네'로 말하지 않기 때문입니다. 즉, 상대방을 '우치'에 속하는 사람으로 인식하기가 쉽지 않은 것입니다.

언제까지나 자신이 속해 있는 조직을 '우치'로 인정하지 않는 일본인. 그런 일본인에게 본사를 위해 좀 더 적극적으로 판매 전략을 세우라며 압박을 가해오는 외국인 동료 사원. 이러한 심리구조의 마찰은 외국계 기업이 겪는 고전적인 과제라 할 수 있을 것입니다.

일본인 상대에게 의견을 물었더니 딱 잘라 거절하더라.

외국인 안되면 안된다고 말해주면 될 텐데, 왜 그게 안될까?

상거래에서 흔히 볼 수 있는 사례로, 거래처의 제안을 들은 상사가 부하직원에게 '자네는 이 제안을 어떻게 생각하나?'라고 물으면 **부하직원**이 '글쎄요, 지금 상황으로는

言うことがあります。**暗に顧客の提案を断っている**のです。

　日本人の間では、直接はっきりと拒絶するより、そのように雰囲気で相手に自分の意志を伝える方が、より相手の感情を害さずに、対応できると思っているのでしょう。もちろん、上司と部下は事前に打ち合わせを行って、今回は謝絶しようという合意のもとで商談に臨んでいるのです。

　しかし、この**やんわりとした意思疎通**が外国人には不可思議に思われることが多々あります。担当者や責任者が、はっきりと自らの意思を直接自分に伝えてくれることを期待しているからです。

　こうした、**婉曲なアプローチ**は、「いったいこの人は責任をもってビジネスをしているのだろうか」、あるいは「信頼して、一緒にビジネスができるのだろうか」という**危惧**を相手に与えてしまいます。

　日本人の和の精神は日本人の善意に育まれています。それを逆に受け止められることは、悲しいことです。しかし、それが異文化環境での現実なのです。

좀……'이라고 대답할 때가 있습니다. 이는 **암묵적으로** 거래처의 제안을 거절하는 것입니다.

일본인은 직접 분명하게 거절하기보다 이렇게 분위기로 전달하는 것이 상대방의 감정을 상하지 않게 하면서 대응하는 방법이라고 생각합니다. 물론 상사와 부하직원이 이번에는 거절하기로 사전에 합의를 하고 거래 상대와 만나는 것입니다.

그러나 이 **완곡한 의사소통 방식**을 외국인은 이상하게 받아들이는 일이 많습니다. 그들은 담당자나 책임자가 자신의 의사를 확실하게 말로 직접 표현해주기를 바라기 때문입니다.

이러한 **완곡한 접근법**은 상대방에게 '과연 이 사람은 책임감을 가지고 일할 생각이 있는가?' 또는 '믿고 같이 일할 수 있을까?'라는 **의문**을 갖게 합니다.

일본인의 화합 정신은 선의를 바탕으로 형성되었습니다. 그것이 받아들여지지 않는 것은 슬프지만, 이것이 서로 다른 문화 환경의 현실입니다.

　婉曲とは、はっきりと意見を言わずに、間接的、あるいは感情を**抑制して**相手に考え方を伝えることを意味する言葉です。

　例えば、日本人は何か提案を受けた場合、よく「難しいですね」という風に相手に応答します。ほとんどの場合、その意味するところはノーです。すなわち、相手に失礼にならないように、**婉曲**に断っているのです。しかし、海外の人が言葉通りそれを受け取れば、「難しいのはわかる。だから何が難しくて、どのように**克服**すればいいのだろうか」ということになってしまいます。

　日本人には日本人の間だけで通じる**あうんの呼吸**があって、難しいと言えば、そのときの表情や雰囲気、あるいは日本人独特のジェスチャー（14項を参照）で、拒絶を察することができますが、異文化環境では、それは通じません。

　また、物事を**前向き**に考えることに積極的な国民性を持つ人の場合、最初にいきなり難しいと言われるとがっかりしてしまうことも多々あります。むしろ、提案を活かしてゆくため

'완곡'이란 자신의 의견을 분명하게 밝히지 않고 에둘러
말하거나 감정을 **억제하고** 자기 생각을 전하는 것을 말합
니다.

일본인은 제안을 받으면 흔히 '어렵습니다'라는 식으로
대답합니다. 대부분은 그 말은 '아니오'를 의미합니다. 이
것은 상대방에게 실례가 되지 않도록 **완곡하게** 거절하고
있는 것입니다. 그러나 외국인은 이 말을 곧이곧대로 받아
들여 '어렵다는 것은 이해한다. 그렇다면 무엇이 어려우며
또 어떻게 **해결**하면 되는가?'라고 반문합니다.

일본인끼리는 **말로 표현하지 않아도 서로 호흡이 잘 맞으
므로** 어렵다고 말하면 그때의 표정이나 분위기, 제스처(14
항 참조)로 거절하고 있음을 추측할 수 있지만 이문화 환경
에서는 그것이 통하지 않습니다.

또 모든 일을 **긍정적**으로 생각하는 적극적인 국민성을
가진 사람이라면 처음부터 갑자기 어렵다는 말을 들으
면 실망할 수 있습니다. 그러므로 제안을 받아들이려면
이러이러한 조건이 필요하므로 현 상황에서는 거절할

にはどのような条件が必要かという対応で、それゆえにこの
ままではノーであるという風に答えた方がよい場合もあるの
です。

| 日本人 | 考えておきますって言ったら、答えはいつかときかれた。 |
| 外国人 | 考えておきますって言われて、その後何もおきないのはどうしてだろう。 |

33

　前項の「難しいですね」よりさらに困るのは、提案を受け
たとき、「考えておきます」という風に日本人が答えた場合
です。京都など古い文化が根付いているところでは、これは
ノーを意味しているといいますが、他の地域でも、決して**前
向きな応対**ではないはずです。

　しかし、海外の人は、考えておきますと言われれば、本当
に考えてくれるのかなと思うかもしれません。それで、何度
も「その後どうなった？」という問い合わせを受けてうんざ
りする日本人も多くいるのです。

　また、すでに解説した曖昧な表情や、腕を組んで目を閉じ
た後で、いきなり「考えておきます」などと答えてしまう
と、人によっては、その日本人をやる気のない、**後ろ向きな人**

수밖에 없다는 식으로 대답하는 것이 더 나은 경우도 있습니다.

생각해보겠다고 하면 언제 대답해주겠느냐고 묻는다.

생각해보겠다더니 그 후로 왜 아무런 말이 없는가.

앞에서 말한 '어렵습니다'보다 더 곤란한 것은 제안을 받은 일본인이 '생각해보겠습니다'라고 대답한 경우입니다. 교토처럼 전통적인 문화가 뿌리내린 지역에서는 이 말이 '아니오'를 뜻하지만, 이는 다른 어느 지역에서나 결코 **적극적인 대답**이라 할 수는 없습니다.

하지만 생각해보겠다고 하면 외국인은 정말로 생각을 해보는 것으로 이해하고, '그다음 어떻게 되었느냐'고 계속 묻는 바람에 곤란을 겪는 일본인이 많습니다.

또 앞에서 설명했던 모호한 표정을 짓거나 팔짱을 끼고 눈을 감고 있다가 느닷없이 '생각해보겠습니다'라고 대답하면 사람에 따라서는 이 일본인을 의욕이 없는 **소극적인 사람**으로 평가해버릴지도 모릅니다.

だと評価してしまうかもしれません。

　どんな場合でも、しっかりと相手を見て**表情豊かに**自らの答えをクリアに伝えるよう努めたいものです。そして、その答えがノーの場合、その理由を明快にわかりやすく説明する事も大切です。

日本人　お腹空いてないって聞いたら「別に」って言われた。

外国人　日本人は自らのニーズをどのように伝えるの？ 34

　日本人には、自らが欲することを、相手に投げかけて、**婉曲に伝える風習**があります。これは日本人がなかなか気付かない日本人ならではのコミュニケーションスタイルです。

　例えば、部屋が暑かったとします。すると、そう感じた人は、周りにいる人に、「暑くありませんか」と尋ねます。するとそれを受けた人は、相手のニーズを**察知して**、「そうですね。エアコンをいれましょう」ということになるのです。

　「お腹空いてない？」という問いかけを外国人の友達にした場合、問いかけた本人が空腹であるケースが多いのです。日本人なら、「そうね。私はそうでもないけど、軽く何か食べよ

어떤 경우라도 상대방을 보면서 **여유 있는 표정**으로 자신의 의사를 명확하게 전달해야 합니다. 그리고 '아니오'라는 대답을 할 때는 그 이유를 명쾌하고 알기 쉽게 설명하는 것이 중요합니다.

일본인　배고프지 않으냐고 물어보면 '별로'라고 한다.

외국인　**일본인은 자신의 요구를 어떤 식으로 전달하는가?**

일본인은 자신이 바라는 것을 상대방에게 **완곡하게** 표현하는 습관이 있습니다. 이것은 일본인 자신도 잘 알지 못하는 일본인만의 의사전달 방법입니다.

가령 방 안이 덥다고 칩시다. 그럴 경우 덥다고 느낀 사람이 다른 사람에게 '덥지 않아요?'라고 물으면 그 말을 들은 사람은 그 의미를 **알아듣고** '그러네요. 에어컨을 켜겠습니다' 하는 식입니다.

일본인이 '배고프지 않아?' 하고 외국인 친구에게 묻는다면 그는 배가 고픈 경우가 많습니다. 일본인이라면 대체로 '그래 나는 그렇게 배고프진 않은데 간단하게 뭘 좀 먹을까'

うか」などという答え方が一番無難ですね。しかし、こうしたやりとりに慣れていない外国人は、問いかけに対して、自分自身の状況によって答えてしまいます。したがって、「別に」と相手に伝え、そう言われた日本人の友達は、その応対に、そっけないなと思い、ちょっとがっかりしたりします。

　自らのニーズをはっきりと表明することを躊躇する日本文化とそうではない人との**面白くも辛い**誤解のメカニズムがここにあります。

| 日本人 | 空気を読めよと言ったら、唖然とされた。 |
| 外国人 | 日本人が無言で相手の考えを理解しているなんてありえない。 |

35

　島国の中で、隣人同士で長い間交流してきた日本人は、あたかも家族の間のような「あうんの呼吸」でのコミュニケーションを公の場でも行います。「あうんの呼吸」とは、全てを説明しなくても、雰囲気などから相手のニーズや考えを察知することをいいます。

　様々なジェスチャー、文章にもならない簡単な言葉のやりとり、そして丁寧でも情報が不充分で、背景説明もない応対で

라고 답하는 것이 일반적입니다. 그러나 이런 방식에 익숙하지 않은 외국인은 이런 질문을 받으면 자신의 상태에 따라 대답합니다. 그래서 '별로'라고 대답하면, 그 말을 들은 일본인은 그 친구가 쌀쌀맞다며 서운해하기도 합니다.

자신의 요구를 분명하게 표현하기를 주저하는 일본문화와 그렇지 않은 사람 사이에 일어나는 **재미있고도 괴로운** 오해의 심리구조가 여기에 있습니다.

일본인 분위기 파악 좀 하라고 하면 어이없어 한다.

외국인 굳이 말로 표현하지 않아도
상대방의 생각을 안다는 건 있을 수 없어.

섬나라라는 제한된 공간에서 오랜 시간 이웃과 교류해온 일본인은 공식적인 장소에서도 마치 가족 사이처럼 호흡이 척척 맞는 의사소통이 가능합니다. '호흡이 척척 맞다'라는 말은 굳이 설명하지 않아도 분위기로 상대방의 요구나 생각을 알아차리는 것을 의미합니다.

다양한 제스처, 완전한 문장이 아닌 간단한 단어 몇 개, 정보가 불충분하고 배경설명이 없어도 전반적인 의사소통

あっても、大方のコミュニケーションが完了してしまうのが日本社会の特徴です。日本人同士で、それがうまくいかないとき、「**空気の読めない奴だ**」と言って相手の**鈍感さ**を批判したりします。

しかし、その「空気」は日本社会を理解していない海外の人には、100％正しく伝わりません。

特に、複雑で**多彩な文化背景**をもつ移民社会の中で社会を育んできたアメリカなどでは、思うことをはっきりと理屈をもって説明してはじめて相手との意思疎通が可能になります。

あうんの呼吸が求められる日本と、明快な言葉での説明を求める国とでは、会話を進めるなかに様々な誤解の罠が仕組まれていることになります。

日本人	Yesと言ったら、どんどん話が進んでいった。	
外国人	日本人は後になってすでに話したことを問いかけてくる。困ったものだ。	36

遠慮とは、自分のニーズをあえて表明せず、控えめに相手に対応することを意味します。英語で言う「hesitate」と似ていますが、日本の場合、遠慮することは、社会で人とうまくコ

이 이루어지는 것이 일본사회의 특징입니다. 일본인 사이에서 그것이 제대로 이루어지지 않으면 '**분위기** 파악도 할 줄 모르는 사람'이라며 **아둔하다**는 비난을 받기도 합니다.

그러나 일본사회를 잘 모르는 외국인에게는 그 '분위기'라는 것이 정확하게 전달되지 않습니다.

특히 복잡하고 **다양한 문화적 배경**을 가진 이민사회로 구성된 미국 같은 나라에서는 자기 생각을 분명하게 논리적으로 설명해야 비로소 상대방과 의사소통을 할 수 있습니다.

일일이 말로 표현하지 않아도 호흡이 척척 맞기를 바라는 일본과 명확한 단어로 설명해주기를 바라는 나라의 사람끼리 대화를 하다 보면 많은 오해가 생길 수 있습니다.

일본인 **맞장구를 쳤더니 상황을 다 이해하는 줄 안다.**

외국인 **일본인은 끝난 이야기를 나중에 다시 물어 난처하다.**

'조심'이란 자신의 요구를 굳이 드러내지 않고 삼가는 것을 말합니다. 영어의 'hesitate'와 비슷하지만, 일본에서는 사회에서 다른 사람들과 제대로 소통하기 위한 일반

ミュニケーションしていくための一般常識で、「謙遜」や「謙虚」の概念と共通したものがあります。

　例えば、日本人は人の話の途中で割り込む事を、**人の話の腰を折る**と言って、嫌い、話の途中で意見を**差し挟む**ことや、わからないことをチェックしたりする行為をあまりしません。遠慮の意識が働いているのです。

　悲惨なのは、外国からきた人が、日本人の前で、英語で会話を進めてゆく場合です。日本人は話の腰を折っては悪いと思い、わからないことがあっても確認できないまま、相手の言うことに**相槌を打ち**続けます。

　一方、英語社会では、解らないことがあれば、相手の話を遮ってそれを確認するべきだという**無言の了解**があります。したがって、もし日本人が相手の英語を遮らずに相槌を打ち続けていると、その日本人は彼らの言っていることを理解していると思うのです。

　会話の後になって、日本人が自分の言っていることを理解していないとわかったとき、相手はなぜそれなら話しているときに質問してくれなかったのかと怪訝に思い、それがビジネスであれば、日本人のパートナーの能力に疑問を持つこともありえます。

　相手が英語で話しているとき、いかにそれを遮り、確認し

상식이며 '겸손'이나 '겸허'라는 의미와도 공통점이 있습니다.

일본에서는 다른 사람이 이야기하고 있는 도중에 끼어들면 **말허리를 자른다**며 좋지 않게 여기므로, 남들이 말하는 도중에 의견을 **내놓거나** 확인하는 일이 별로 없습니다. 조심스럽기 때문입니다.

그런데 딱한 것은 일본인은 외국인이 영어로 말하고 있을 때도 말허리를 자르는 것을 미안하다고 생각해 모르는 것이 있어도 확인하지 않고 계속 **맞장구를 치는** 일입니다.

영어권 사회에서는 이해가 되지 않을 때에는 상대방의 말을 가로막고 확인하는 것이 **무언의 약속**입니다. 따라서 외국인은 자신이 영어로 하는 말을 가로막지 않고 계속 맞장구를 친다면 일본인이 자신의 말을 이해하는 것으로 생각합니다.

회의가 끝난 후에야 자신의 말을 일본인이 이해하지 못했다는 것을 알게 되면, 외국인은 왜 바로바로 질문하지 않았는지 의아해합니다. 비즈니스의 경우라면 업무 파트너로서 지녀야 할 일본인의 자질에 의문을 가질 수도 있습니다.

상대방이 영어로 이야기하고 있을 때 어떤 식으로 말을

たり質問したりするか。それには相手の前に手を上げて、ちょっと待ってくださいなどと言って相手の話を遮るノウハウが必要なのです。

37

相手の話を遮ることのできない日本人は、もちろん、相手がどんどん英語で話を進めているときにそれをとめて、もっとゆっくり話してくださいとはなかなか言いにくいものです。

その背景には、自らのニーズを自らが伝えることに慣れておらず、相手に察してもらおうとする日本人独特の思いもあるのです（32項を参照）。したがって、日本人は、母国語でもない英語を必死で聞いている我々に、なぜ外国の人はあんなに**畳み掛ける**ようにべらべら喋ってくるのだろうかと不思議に思ってしまいます。

しかし、例えばアメリカ人は、相手に意図的にゆっくりと話をすることは、相手を**子供扱いにしている**ように思え、敢えて普通に話をして相手を対等に扱おうとするのです。そし

중단시키고, 내용을 확인하거나 질문을 해야 할까요? 그럴 경우에는 잠깐 기다려달라며 손을 들어 상대방의 말을 멈추게 하는 요령이 필요합니다.

일본인 처음부터 끝까지 영어로 빠르게 말한다.

외국인 천천히 말해달라고 하면 될 텐데 왜 그렇게 조심하는가?

상대방의 말을 자르지 못하는 일본인은, 상대방이 영어로 계속 이야기를 할 때도 좀 천천히 말해달라는 요구를 좀처럼 못 합니다.

그 밑바탕에는 자신의 요구를 직접 전달하는 데 익숙하지 않을뿐더러 상대방이 알아차려주기를 바라는 일본인 특유의 사고방식이 있습니다(32항 참조). 따라서 일본인은 속으로 모국어도 아닌 영어를 이렇게 열심히 듣고 있는데 왜 외국인은 저렇게 **쉴 새 없이 연거푸** 말하는 걸까 하며 이상하게 생각합니다.

반면에 미국인은 의도적으로 천천히 말하면 상대방을 **어린애 취급하는** 것으로 생각하므로, 상대방을 대등하게 여겨서 평소대로 말하는 것입니다. 또한, 천천히 말해 주기

て、彼らからして見れば、ゆっくり話してもらいたいニーズがあるのは日本人の方なのだから、なんではっきりとそれを言わないのだろうと**戸惑ってしまう**のです。

　自らのニーズを自分ではっきりと伝える必要性がここでも問われているのです。

`日本人` コーヒーをすすめられ、遠慮したら、戸惑われた。

`外国人` 日本人よ、
もっとオープンにフレンドリーにできないの？ **38**

　日本人の「遠慮」という感覚が最も象徴的に作用する誤解は、相手の家などを訪問したときにおこります。コーヒーでもどうですかという問いかけに、「どうぞおかまいなく」という日本語を英語にして言ったりした場合、それは相手のオファーを拒絶し、相手に失望感を与えてしまいます。コーヒーが欲しくない場合は、水をくれますかとか、コーヒーではなく何か他のものはありますかなどと言って自分の気持ちを率直に伝えたいものです。

　ホームステイした日本人の学生が、「冷蔵庫を自由に開けて中のものを飲んでね」とホストに言われたものの、遠慮して

를 바란다면 왜 분명하게 의사를 표시하지 않는지 **당황해**
합니다.

　자신의 요구를 스스로 분명하게 전할 필요가 있음을 여
기서도 알 수 있습니다.

일본인　커피를 권할 때 사양하면 외국인은 당황스러워한다.

외국인　마음을 열고 좀 더 편하게 대해주면 좋겠다.

　'사양'이라는 일본인의 의식을 가장 상징적으로 보여주
는 것이 외국인의 집을 방문했을 때 일어나는 오해입니다.
외국인이 일본인에게 '커피 드시겠습니까?'라고 권할 때
에 '괜찮습니다. 신경 쓰지 마십시오'라고 영어로 직역해서
대답하면 호의를 거절하는 것으로 들릴 수 있습니다. 이때
는 커피가 마시고 싶지 않다면 물을 달라든가 아니면 다른
음료는 없는지 물어보는 등 자신의 의사를 솔직하게 말해
야 합니다.

　뭔가 마시고 싶으면 냉장고에서 마음대로 꺼내 마시라
고 홈스테이 주인이 말했는데도 일본인 유학생은 사양하

それができず、**悲惨な日々**をおくってしまったという実話があります。

　安心して、心を開いて自分の欲することを話すことが、相手との信頼関係を培う第一歩なのです。

日本人	大切なときに、いきなり休暇をとられてしまった。
外国人	個人の時間を大切にするのは当然だろ。 休暇を動かすなんて無理だよ。

39

　ビジネスは生活の一部であって、全部ではないと欧米の人は考えます。

　最近日本でも若い世代は同じように考える人が多いようです。しかし、日本では多くの人が今でも結構**夜遅くまで**残業をしています。外資系企業などでは、日本人が残業しているときに欧米の人が**さっさと**帰ってしまう光景が今でも見受けられます。

　休暇も、日本人もどんどんとるようになっていますが、日本人から見ると、欧米の人は、仲間のニーズも考えずにさっさと休暇をとってしまいます。そんな欧米の人を見て、日本人は会社の仕事への責任感はあるのだろうかと、心の中で**ぶつ**

느라 아무것도 못 마시고 **괴로운 나날**을 보냈다는 이야기
가 있습니다.

편안하게 마음을 열고 자신이 원하는 바를 솔직하게 표
현하는 것은 상대방과 신뢰를 쌓는 첫걸음입니다.

일본인 외국인은 중요한 시기에 갑자기 휴가를 요청한다.

외국인 개인 시간도 당연히 중요한데
휴가를 변경하라니, 말도 안 돼.

서양 사람은 업무를 생활의 일부로 여길 뿐 전부라고는
생각하지 않습니다.

최근에는 일본에서도 그렇게 생각하는 젊은이들이 많
지만, **밤 늦게까지** 야근하는 사람도 여전히 많습니다. 외국
계 기업의 경우, 일본인은 야근을 하고 있는데 서양인은 **아
무 거리낌 없이 재빨리** 가버리는 광경을 지금도 쉽게 볼 수
있습니다.

요즘은 일본인도 점점 휴가를 많이 사용하는 추세이지
만 그래도 일본인의 생각에는 서양인들이 동료의 요구에
도 아랑곳하지 않고 쉽게 휴가를 내는 것처럼 보입니다. 그
럴 때면 일본인은 '도대체 일에 대한 책임 의식이 있는 건

ぶつ言います。

　個人のプランをビジネスと同じように優先する欧米の人と、個人を時には**犠牲にして**、ビジネスを優先する日本人との意識の差は、まだまだ大きいようです。しかし、日本人も欧米の人と同じように早く帰って家族や友人と過ごしたい。そして、休暇も自分のニーズを優先に考えたいと思っているはずです。そんな日本人の心を押しとどめているのが、同僚の様子や上司のニーズを考え**自分の思いを抑制する**、「遠慮」という意識なのです。

日本人 会議の迫力に一人取り残された。

外国人 日本人は相手に意見しない。
違う考えをもつことはいいことなのに。　　40

　「和」を意識し、「遠慮」する日本人は、直接意見を交換して、時にはそれを戦わせ、**より高い解決方法**を導こうとする欧米のコミュニケーションスタイルに**戸惑ってしまう**ことがよくあります。

　すでに、根回し（28項を参照）などの概念でおわかりのように、日本では、意見が異なる場合、できるだけ**穏便**に対処

가?' 하며 속으로 **투덜거립니다**.

개인의 계획과 업무를 똑같이 중시하는 서양인과 때에 따라서는 개인을 **희생하더라도** 업무를 우선하는 일본인과는 아직도 의식의 차가 큽니다. 일본인도 서양인처럼 일찍 돌아가서 가족이나 친구와 지내고 싶고 휴가도 자신이 원할 때 얻고 싶을 것입니다. 그러나 동료의 형편이나 상사의 요구를 먼저 생각하여 그런 **자신의 감정을 억누르고 자제하는데** 그것이 일본의 '사양'이라는 의식입니다.

일본인 열띤 회의장에서 혼자 뒤처지는 느낌이다.

외국인 사람마다 생각이 다를 텐데 일본인은 의견을 내지 않는다.

'화합'을 의식하여 '조심하고 사양'하는 일본인은 서양인들이 직접 의견을 교환하고 때로는 열띤 토론을 하며 **더 나은 해결 방법**을 모색해 나가는 의사소통 방식에 종종 **당황합니다**.

앞의 사전교섭(28항 참조)이라는 개념에서 알 수 있듯이 일본에서는 서로 의견이 다른 경우에도 될 수 있는 대로 **원**

し、別の場所で個々の意見調整を行い、公の会議で直接意見を戦わせることは控えがちです。ディベートや、ブレインストームという、相手と異なる意見をその場で表明し合う風習がないのです。

したがって、外国人が議論をはじめると、日本人はどうしていいかわからずに、押し黙ってしまうというわけです。まして、英語が苦手な人は、その熱い討議の様子にただたじたじとして、何をしていいかわからなくなります。やがて日本人だけが**取り残されて**、この人は会議に参加する意思があるのだろうかと誤解されてしまうというわけです。

意見交換するときは、考えが対立して当然。それを**キャッチボールのようにこなすコミュニケーションスタイル**を習得する必要があるのです。

日本人	ストレートな意見にむっときた。
外国人	ビジネスでのコメントはキャッチボールだって言っているのに。

41

ブレインストームが苦手な日本人の**心理的背景**には、やはり相手と「和」を保ちたいという意図があるのでしょう。日本

만하게 해결하려고 합니다. 다른 장소에서 미리 의견을 조정하고 공식적인 회의에서는 의견 대립을 피하는 경향이 있습니다. 상대방과 다른 의견을 그 자리에서 곧바로 내놓는 토론회나 난상토론 같은 관습은 없습니다.

따라서 외국인이 논의를 시작하면 일본인은 어찌할 바를 몰라 입을 꼭 다물게 됩니다. 영어가 서툰 경우에는 그 열띤 토의 모습에 더욱 쩔쩔매며 무엇을 해야 할지 당황합니다. 결국, 일본인만 **뒤처지게 되므로**, 의견도 내지 않고 가만히 있으려면 무엇 때문에 회의에 참석했는가 하는 오해를 받게 됩니다.

의견을 주고받을 때 서로 대립하는 것은 당연하므로 일본인도 **공을 주고받듯 하는 의사소통 방식**을 습득해야 합니다.

일본인 직설적으로 의사를 표현하면 화가 난다.

외국인 업무적인 의사 표시는
공을 주고받는 것과 마찬가지이다.

일본인이 난상토론을 어려워하는 것은 상대방과 '화합'을 유지하려는 **심리적 배경** 때문입니다. 업무에서도 역시

人はビジネスの場でも和を保とうとするあまり、反対意見などを相手の前で強く主張したりしないのです。

　相手に強くものを言うことは、相手の心を傷つける行為だと無意識のうちに思っているために、そうした場に直面すると、日本人はトーンを和らげて、暗黙のうちにメッセージが伝わるように、婉曲モードにはいってしまいます。

　それに対して欧米では、自らの意見はそのままストレートに相手に伝えようとします。彼らにとって、ビジネス上のやりとりはハートとハートとのやり取りではなく、キャッチボールなのです。

　ビジネスはビジネス、そこでのやりとりが個人の人間関係に影響することはないと、欧米の人は思うのです。ストレートにものを言うことは、上司や顧客にも失礼だし、働く仲間とも関係を壊してしまうと思う日本人。だからこそ、「場」を変えて話しやすい環境を作った上で、本音を交換しながら、少しずつ意見を伝達し、根回しを行って、コミュニケーションを進めてゆくのです。

　ミステリアスな、日本人のコミュニケーションスタイル。なかなか外国の人には理解できません。

화합을 유지하기 위해 반대 의견을 강하게 주장하지 않는 것입니다.

강한 어조로 말하면 상대방이 마음에 상처를 입을 것이라고 무의식적으로 생각하기 때문에, 그런 상황에 부딪히면 목소리를 낮추고 완곡한 방법으로 넌지시 메시지를 전달하려고 애를 씁니다.

이와 달리 서양에서는 자신의 의견을 그대로 직설적으로 말합니다. 업무적인 대화는 마음과 마음을 주고받는 것이 아니라 공을 주고받는 것과 마찬가지라고 생각하기 때문입니다.

업무는 업무일 뿐 거기서 주고받는 의견이 개인의 인간관계에 영향을 주지는 않는다고 생각합니다. 그러나 일본인은 직설적으로 말하면 상사나 고객에게 실례이며 같이 일하는 동료와의 관계도 깨진다고 생각합니다. 따라서 말하기 편한 '자리'를 따로 마련하여 속마음을 나누며 조금씩 자신의 의견을 말합니다. 이러한 사전협의를 거치고 난 다음에 본격적인 의사소통을 해 나갑니다.

이처럼 수수께끼 같은 일본인의 의사소통 방식을 서양인은 좀처럼 이해하지 못합니다.

　世界のそれぞれの文化には、その文化に即した行動様式があります。それは、ある意味では世代から世代に**受け継がれた**風習で、そこには人の行動様式を育む「型」があり、「型」を学習するための学習方法があります。日本人はそうした世界の民族の中でも特に「型」を学習することに**重きをおく**民族だと言われています。

　日本人をステレオタイプに表現した**B級映画**などで、よく滑稽なまでに深々とお辞儀をしている日本人が表現されていますが、それに加えて、ビジネスの場などでの名刺交換の方法が彼らには極めて**儀式めいて**見えるのです。どのタイミングでどのようにして名刺を交換し、相手とビジネス上の打ち合わせを始めるか。このノウハウは、外国人にとって日本で最初に出くわす「型」なのです。

　また、欧米では名刺は再会したときもそれほど躊躇無く相手に渡します。また、逆に相手から求められない限り、名刺を交換しないこともよくあります。しかし、日本では、初対面であればほぼ必ず名刺交換を行い、一度交換した名刺は、相手

세계 여러 나라의 문화에는 각각 그 문화에 따른 행동 양식이 있습니다. 그것은 세대에서 세대로 **이어지는** 풍습이며 거기에는 행동 양식을 길러 내는 '틀'과 그 '틀'을 익히기 위한 학습 방법이 있습니다. 세계 여러 민족 중에서 특히 일본은 그 '틀'을 학습하는 데 **무게를 두는** 민족입니다.

일본인을 상투적으로 표현한 **B급 영화**에는 우스울 정도로 굽실굽실 인사를 하는 일본인의 모습이 자주 나오는데, 그와 더불어 업무 장소에서 명함을 주고받는 것도 서양인에게는 극히 **의식처럼** 보입니다. 외국인이 일본에서 처음으로 마주치는 '틀'이 명함은 언제 어떻게 주고받으며, 업무적인 만남은 어떻게 시작하는지에 대한 것입니다.

서양에서는 다시 만났을 때에도 언제든 명함을 주며 또 상대방이 요구하지 않으면 주지 않는 일도 흔합니다. 그러나 일본에서는 초면이라면 반드시 명함을 교환하며 한 번 주고받은 명함은 상대방의 지위가 바뀌거나 하는

の立場が変わるなどの特別なことがないかぎり、改めて交換することはありません。名刺はその人の顔なので、一度もらえば大切にとっておかなければならないのです。

そんな日本の儀式は、外国人にとって面白くかつエキゾチックでもあるのでしょう。

日本人 外国人の部下を注意したら、怒ってた。

外国人 日本人は理由もなく相手をとっちめる。あれはいただけないね。

43

日本人の「型」を学ぶ学習方法は独特です。例えば、伝統芸能の師匠などは、**弟子**に理屈からはいらず、まず体で型を覚えさせようとします。その場合、弟子に**将来性**があればあるほど、厳しく接し、昔ならば、怒鳴りつけ、時には手がでることもあったようです。

今はそれほどではなくなりました。しかし、それでも日本人は学ぶ人に**忍耐**と、教える側への服従を求めがちです。この学習方法が、**褒めて**相手のモチベーションを上げ、ロジックをもって説明することによって人を育てようとするアメリカなどの国の人には受け入れられないのです。アメリカでは、

특별한 일이 없는 한 다시 주고받지 않습니다. 명함은 그 사람의 얼굴이므로 한 번 받은 것은 소중히 간직해야 합니다.

외국인에게는 이런 일본인의 의식이 우스우면서도 이국적으로 보일 것입니다.

일본인 외국인 부하직원은 주의를 주면 화를 낸다.

외국인 일본인은 이유 없이 호되게 꾸짖는다.
그런 대우는 받을 수 없다.

일본인이 '틀'을 배우는 방법은 독특합니다. 예를 들면 일본 전통예능의 사부는 **제자**를 가르칠 때 이론부터 들어가는 게 아니라 우선 몸으로 틀을 익히게 했습니다. **장래성**이 있는 제자일수록 더 엄하게 가르치며 호통을 치고 때로는 매를 들기도 했습니다.

지금은 그 정도는 아니지만 그래도 배우는 사람에게 인내와 복종을 요구하는 경향이 있습니다. 그러나 **칭찬으로** 동기를 부여하고 논리적인 설명으로 인재를 양성하려는 미국 등에서는 이런 방법을 받아들이지 않습니다. 미국에서는 교사에게 도전하는 학생을 더 좋아하며 학생도

教師はむしろ自分にチャレンジしてくる生徒を好み、生徒もどんどん質問し、異なる意見をぶつけてゆきます。

そんな風習の違いによって、日本人が上司となった場合、**とんでもない溝**ができてしまうこともあるのです。「型」を学ぶまではじっと忍耐。そして型を習得すればそこから自由を享受できるという日本人の学習方法は、外国人にとって最も理解しがたいプロセスなのかもしれません。

日本人	配置転換をしたら、辞められた。
外国人	ヘアメーク・アーチストになるために、なぜ床掃除しないといけないの?!

44

「型」という価値観を重視する日本人の学習法を**日系企業**が海外で社員教育に持ち込んで、本人の希望とは直接関係のない業務を与えることは、とんでもないトラブルの原因となります。

現在では、日本の会社で新入社員が上司の机を掃除する姿は見られなくなったようです。しかし、日本では**新人研修**の後、部門への配属が決まったとき、自らの望みと全く異なる部門へ配属され、しばらくしてこれまた想像もしていない部門

끊임없이 질문을 하면서 다른 의견을 부딪쳐가며 제시합니다.

일본인이 상사가 되면 이런 관습의 차이 때문에 **생각지도 못했던 틈**이 생길 수도 있습니다. '틀'을 익힐 때까지는 꾹 참고, 틀을 습득하고서야 비로소 자유를 누릴 수 있는 일본인의 학습 방법은 외국인으로서는 이해하기 어려운 과정일지도 모릅니다.

일본인 부서를 이동시키면 사표를 내버린다.

외국인 미용사가 되려면 왜 바닥 청소부터 해야 하나?!

일본계 기업이 '틀'이라는 가치관을 중시하는 일본인의 학습 방법을 외국에서도 그대로 사원교육에 적용하여, 본인의 희망과는 관계가 없는 업무를 맡기게 되면 뜻밖의 문제가 생기기도 합니다.

지금은 일본회사에서도 신입사원이 상사의 책상을 닦는 모습은 볼 수 없습니다. 그러나 **신입사원 연수** 후에 부서 배치를 받을 때 본인이 전혀 원하지 않은 부서에 배치받았다가 얼마 후 다시 생각지도 못한 부서로 이동되는 일은 흔

に異動させられることはよくあるのではないでしょうか。

　会社が個人のキャリアをプランしてゆく日本の社会と、個人が自らのキャリアをのばしてゆく過程で、その目的にかなった会社に帰属するアメリカなど多くの国との違いが、こうした**人事制度**の違いとなって現れます。

　よく日本ではヘアサロンなどで、新人が常にシャンプーだけを担当させられたり、時には床掃除だけを命じられたりしています。**徒弟制度**の現在版ですね。この考え方は、ある意味で基礎をみっちりと学習する効果はあるでしょう。しかし、短い期間に時間を合理的に使って学習しようとする欧米などの国の人から見ると、これにはなかなか耐えられません。

　こうした意識の違いが、海外に進出した日本企業などでの高い**離職率**などにつながってしまうのです。

日本人	机を片付けろと言ったら、不満そうだった。
外国人	僕の日本人の上司、仕事を上達するためには整理整頓だって。冗談じゃない。

45

　「型」という概念を重んずる日本人は、それを習得するためのプロセスに注視します。それに対して、より合理的にビ

히 있습니다.

회사가 개인의 경력을 관리하는 일본과 개인이 스스로 경력을 쌓아가는 과정에서 그 목적에 맞는 회사에 들어가는, 미국을 비롯한 여러 나라와의 차이가 이러한 **인사제도**의 차이로 나타납니다.

일본의 미용실 같은 곳에서는 흔히 신입사원에게 머리 감기는 일이나 바닥 청소만 시키기도 합니다. 현대판 **도제제도**인 셈입니다. 이런 사고방식은 어떤 의미에서는 기초부터 꼼꼼히 학습하는 효과가 있습니다. 그러나 단기간에 합리적으로 시간을 활용하여 학습하고자 하는 서양인은 이를 좀처럼 견디지 못합니다.

해외에 진출한 일본기업의 **이직률**이 높은 것은 이런 의식의 차이와도 관련이 있습니다.

일본인 책상 정리를 하라고 하면 반발한다.

외국인 일을 잘하려면 정리정돈부터 잘하라는데,
이건 말도 안 된다.

'틀'이라는 개념을 중히 여기는 일본인은 그것을 습득하기 위한 과정도 중요하게 생각합니다. 그에 비해 더 합리적

ジネスの結果を生み出そうとする欧米の人たちは、結果に至るプロセスには**幅をもたせ**、それぞれの個々のやり方を尊重します。

　日本人の上司がアメリカ人の部下に、机を片付けろと指導して、それが部下の不満となった事例があります。この場合、机の整理整頓はその個人の生活習慣の問題で、プロセスにすら該当しない事柄だと海外の人はとらえがちです。

　しかし、日本では上司が机を**整理整頓**した方がいいと言えば、暗黙の内に整理整頓することから、物事を分類したり、情報を引き出す効率的な方途を学ぶ第一歩であると理解し、上司の指導に従うかもしれません。しかし、欧米の人が部下だった場合、「それは個人の問題だろ。そんなことをとやかく言われるなんて**心外**だ」と反発されるかもしれません。

　プロセスはあくまで個人が決定し、その結果何か問題があれば適宜指導してゆくというボスと部下との関係をどのように理解するか。また、プロセスを指導するときは、それがどれだけ理にかなったことなのかをロジックをもっていかに説得できるか。国際社会での日本人のボスの**試練**は続きます。

으로 업무 결과를 얻으려는 서양인은 결과에 도달하는 과정에서 **융통성을 갖고** 개개인의 방식을 존중합니다.

일본인 상사가 미국인 부하직원에게 책상을 정리하라고 했더니 부하직원이 불평을 하더라는 이야기가 있습니다. 서양인은 책상 정리는 개인의 생활습관에 관한 문제이지 업무의 과정이 아니라고 생각하기 때문입니다.

일본에서는 상사가 책상을 **정리정돈**하는 게 좋겠다고 하면, 정리를 잘하는 것이 일을 분류하고 정보를 찾아내는 효율적인 방법을 배우는 첫걸음이라고 암묵적으로 알아듣고 상사의 지시에 따를 것입니다. 그러나 서양인 부하직원은 '이건 개인적인 문제인데 이런 것까지 이러쿵저러쿵하다니 **말도 안 된다**'며 반발할지도 모릅니다.

과정은 어디까지나 개인이 결정하고 그 결과에 문제가 있을 때만 적절히 지도하는 서양의 상사와 부하직원의 관계를 어떻게 이해할 것인가. 또 과정을 지도할 때는 그것이 얼마나 이치에 맞는지를 어떻게 논리적으로 설득할 수 있을 것인가. 국제 사회에서 일본인 상사의 **시련**은 계속됩니다.

　前項で指摘した、プロセスを通して「型」を習得し、結果を
だすという、日本流訓練の長い道のりの中で、欧米人が最も不
思議に思うのが、スポーツの指導、練習方法です。

　例えば、剣道を学ぶとき、初心者は道場の床掃除をやらされ
ます。また、野球では**球拾い**や素振りだけの繰り返しです。
そしてこれらのいずれも、スポーツの技術には直結せず、無
駄なことのように思えるのです。日本流の精神の鍛錬からと
いう考え方があるとしても、それならなぜ皆同じように床掃
除をしなければならないか理解できないのです。

　会社でも、新入社員が長い間ただ**単純な仕事**の繰り返しを求
められることがありますが、そんなことをすれば、海外の社
員はすぐに転職するかも知れません。

　日本人なら当然受け入れるそうした修練の過程は、あくまで
も日本人の伝統的な価値観によって日本人の間だけに共有され
てきたものであることを理解しておいて欲しいのです。

일본인 배팅연습만 하는 모습을 보면 의아해한다.

외국인 일본의 스포츠 훈련 방법은 정말 이상하다.

앞에서 지적한 대로 과정을 통해서 '틀'을 습득하고 결과를 얻는 일본식의 훈련 과정 중에서 서양인이 가장 이상하게 생각하는 것이 스포츠의 지도와 연습 방법입니다.

예를 들어 검도를 배울 때 초보자는 도장 바닥부터 청소하고 야구에서는 **공 줍기**나 배트 휘두르는 연습만 하는데, 서양인은 이런 것은 스포츠 기술과는 전혀 관련이 없는 헛된 짓이라고 생각합니다. 일본식의 정신 수련이라고 설명을 해도 그렇다면 왜 다 똑같이 바닥 청소를 해야 하느냐고 의아해합니다.

회사에서도 신입사원은 오랫동안 **단순한 일**만 반복하도록 강요당할 때가 있는데 그러면 외국인 사원은 바로 직장을 옮겨버릴지도 모릅니다.

일본인이라면 당연히 받아들일 이러한 수련 과정은 어디까지나 일본인의 전통적인 가치관에 따라 일본인 사이에서만 공유되어온 것임을 알아야 합니다.

「型」を重視する日本人の弱点は2つあると言われます。1つは、型を破ることができず、1つの方法に**固執し**がちなこと。そしてもう1つは、現場や部下が上司の命令に従い過ぎ、個々の判断や決裁が阻害されがちになることです。

レストランに行けば、当然メニューがあります。しかし、欧米などでは、往々にしてお客さんは料理に**細かい注文**をつけてきます。例えば、朝食にトーストを注文すれば、上に目玉焼きをのせて、サイドディッシュとして苺を小皿に盛ってくれといった風に。

日本では、メニューにはないそうした注文に応じられない場合がほとんどです。ウエイターやウエイトレスが、そこで判断することもできなければ、例外を受け入れる発想もありません。

しかし、型にはまったことであれば、日本人は突出してうまく仕事をこなしてゆきます。頼む側の多彩な意思を尊重する文化と、型を顧客や部下に求め統率しようとする文化との違いは際立っています。

메뉴에도 없는 것을 주문해서 난처하다.

일본인은 틀에 박혀 있고 융통성이 없다.

'틀'을 중시하는 일본인에게는 두 가지 약점이 있다고 합니다. 하나는 '틀'을 깨지 못하고 한 가지 방법만 **고집**하는 것이고, 다른 하나는 현장이나 사무실에서 부하직원이 지나치게 상사의 명령에 따르느라 개인의 판단이나 결정권을 행사하지 못하는 것입니다.

음식점에 가면 반드시 메뉴가 있습니다. 그런데 서양에서는 종종 손님이 음식을 주문하면서 **아주 세세한 부분까지 요구**합니다. 예를 들어 아침 식사로 토스트를 주문한다면 토스트 위에 달걀부침을 얹고, 딸기를 작은 접시에 담아 곁들여 달라는 식입니다.

일본에서는 메뉴에 없는 것은 절대로 주문을 받지 않습니다. 종업원은 판단할 수도 없으며 예외를 받아들이려는 생각조차 하지 않습니다.

그러나 메뉴에 있는 것이라면 재빠르게 일을 처리합니다. 손님의 다양한 요구를 존중하는 문화와 고객이나 부하직원을 하나의 틀에 맞추어 통제하려는 문화의 차이가 여기에서도 두드러집니다.

　日本や韓国のように、**儒教**道徳の背景のある国では、年齢への配慮や、入社や入学の後先などにしたがって、先輩や後輩として人が位置づけられます。

　そして、後輩は先輩に敬意を払い、言葉遣いや接する態度にも気を遣います。元々人と人とは平等だとするアメリカのような社会では、軍隊でもない限り、こうした発想はありません。年下も年上もカジュアルな場ではお互いをファーストネームで呼び、そこにはいささかも日本流の**上下関係**は見えてこないのです。職場での上下関係はあっても、あくまでも個人と個人とは対等で平等という発想がその根本にはあるのです。

　したがって、先輩後輩の発想で、外国の人を取り扱うと、**思わぬ摩擦**や誤解の原因になってしまいます。より長く仕事をしている人は、新人にとって上下関係ではなく、よきメンター（mentor）として接するノウハウが必要です。それは、本書の様々な場所で紹介される異文化での人の指導方法を学ぶことからはじまるのです。

선배 대접을 해주지 않는다.

일본에서는 왜 나이나 경력이 다르면
말투까지 달라지는가.

한국이나 일본 같은 **유교** 사상을 가진 나라에서는 연령, 입학, 입사 순서에 따라 선배나 후배가 결정됩니다.

그리고 후배는 선배를 모셔야 하고 언어나 태도에도 신경을 써야 합니다. 그러나 애초부터 인간은 누구나 평등하다고 생각하는 미국 같은 사회에서는 군대가 아니라면 이렇게 하지 않습니다. 나이가 많든 적든 격식을 차리는 장소가 아니라면 서로 이름으로 부르며 일본식의 **상하 관계**는 전혀 보이지 않습니다. 직장에서는 직위에 따른 상하 관계가 있지만, 개인과 개인은 어디까지나 서로 평등하다는 생각이 바탕에 깔려 있습니다.

따라서 선후배라는 개념으로 서양인을 대하면 **예기치 못한 마찰**과 오해가 생깁니다. 좀 더 오래 일을 한 사람은 신입사원에게 상하 관계가 아니라 좋은 조언자로서 접근해야 합니다. 문화가 다르면 사람을 지도하는 방법도 달라집니다. 이 책 여러 곳에서 소개하고 있는 이문화 안에서 사람을 지도하는 방법을 알아두시기 바랍니다.

　上下関係を強調する日本社会では、多くの場合顧客はサプライヤーより上に位置づけられます。特に、お客さんが大企業で、納入する業者のサイズが小さかったりする場合、顧客はかなり**無理な注文**も、躊躇なく要求してきます。

　例えば、外資系企業で、日本の大手メーカーに部品を納入している会社があるとします。得てして、外資系企業の**本社**は、顧客と対等なパートナーシップを要求してきます。しかし、日本の出先は、日本の慣習に従って、**納期の短縮**や価格の引き下げを顧客との間で余儀なくされます。そして、その要望を本社に伝えると、「あなた方は、お客のために仕事をしているのですか、それとも我々のために働いているのですか」という文句が本社から返ってくることも多くあります。

　お客様は神様ですというモットーを掲げる日本と、顧客とは平等でお互いのベネフィットを追求するパートナーだとする欧米との顧客に対する対応の違いは、外資系企業などで見られる典型的な**社内摩擦**の一つなのです。

일본인 고객은 왕이라고 하면 외국인은 놀란다.

외국인 고객이 왕이라니 너무 지나친 것 아닌가?

　상하 관계를 강조하는 일본사회에서는 대부분 고객이 공급자보다 더 높은 위치에 서게 됩니다. 특히 고객이 대기업이고 납품업자가 중소기업이라면 고객은 주저 없이 **무리한 요구**를 하기도 합니다.

　예를 들어 외국계 기업에서 일본 대기업에 부품을 납품한다고 합시다. 이럴 때 흔히 외국계 기업의 **본사**는 고객인 일본 대기업과 대등한 협력 관계를 유지하려고 합니다. 그러나 일본에 나와 있는 외국계 기업의 지사에서는 일본의 관습에 따라 고객인 대기업으로부터 **납품기일 단축**과 가격 인하를 요구받습니다. 따라서 그 요구를 본사에 전달하면 '자네는 회사를 위해 일하는가, 고객을 위해 일하는가?'라는 핀잔을 듣는 경우가 많습니다.

　고객은 왕이라는 신조를 지닌 일본과 달리 서양에서는 고객은 서로의 이익을 추구하는 평등한 동반자라고 생각합니다. 이러한 차이 때문에 일본에 나와 있는 외국계 기업에서는 **사내 마찰**이 일어나기도 합니다.

　これはよくサービス業などで見受けられることがあります
が、日本人の顧客が、何かの**不備**に感情的になって、大きい声
をだしたり、相手をどなりつけたり、またはそれほどひどく
はないものの、そのサービスの不備をなじったりすることが
あります。

　人と人とに上下関係をおかない欧米社会では、顧客が感情的
になればなるほど、その抗議に対して抗議を受けた人も対等
に自らの立場を主張してきます。そして最悪の場合には、
「私を人間として取り扱ってください。なんでそんな横柄な
ものの言い方をするのですか」と顧客に**逆に抗議する**場面に出
くわしたこともあります。

　相手を下の立場として取り扱わず、相手の良いところを認め
ながら、**対等な立場**でクレームをするノウハウが日本人には
欠如しているようです。理不尽だと思えば、相手が顧客でも自
らの立場をしっかりと弁護して抗議する欧米流のコミュニ
ケーションを知っておくべきでしょう。

이것은 서비스업 같은 곳에서 흔히 볼 수 있는 일인데, 뭔가 **미비사항**에 대해 일본인 고객이 감정적으로 직원에게 고함을 지르고 꾸짖거나 그 정도까지는 아니더라도 서비스가 좋지 않다며 따지는 경우가 있습니다.

인간은 기본적으로 평등하다고 보는 서양에서는 고객이 감정적이 될수록 항의를 받는 직원도 대등하게 자신의 입장을 주장합니다. 그리고 최악의 경우에는 '나도 인간입니다. 말을 왜 그렇게 함부로 합니까?'라며 고객에게 **오히려 항의하는** 일도 있습니다.

상대를 낮추어 보지 않고 좋은 점을 인정하며 **대등한 입장**에서 불만을 표현하는 요령이 일본인에게는 부족합니다. 부당하다고 생각되면 상대가 고객이라도 자신의 뜻을 확실하게 밝히며 항의하는 서양의 의사소통 방식을 알아두어야 합니다.

　最近変化してきているとはいえ、日本では女性の社会進出はまだまだ他の先進国と比較して遅れがちです。**加えて**、昔からのイメージとして、日本では女性は家庭に縛り付けられていて、たとえビジネスの場にいても地位は決して高くないという印象が、欧米に定着しているのも事実です。

　実際よくある問題として、アメリカなどから女性のボスが男性の部下を連れて日本にやってきたとき、会議の席で日本側は男性の部下のほうだけを見て、部下とばかり話をしたりすることもあるようです。確かに日本社会では、一部を除いて一般的には男性が**決裁権のある**上の立場に立っているケースの方が圧倒的に多いわけで、これはそうしたことからくる日本人特有の**早とちり**でしょう。しかし、こうした誤解が、日本での男女差別への印象をさらに悪くしているのも事実です。

　女性が常に男性をたてて、控えめにという考え方はすでに昔のもので、日本にも**雇用機会均等法**は存在しています。しかし、女性の地位が完全に男性と対等になるには、まだまだ乗り越えなければならない課題が多くあるようです。

남자 사원만 상대로 이야기하면 곤란해한다.

 일본인은 여성을 낮추어 본다는데 정말인가?

최근에 달라지고 있기는 하지만, 아직도 일본에서는 여성의 사회 진출이 다른 선진국에 비해 많이 뒤처져 있습니다. **덧붙이자면** 일본 여성은 가정에만 매여 있으며 직업을 가졌다고 해도 결코 지위가 높지 않다는 이미지가 서양에는 오래전부터 정착되어 있습니다.

미국인 여성 상사가 부하직원인 남성과 함께 일본에 와서 회의를 할 때, 일본 쪽에서는 부하직원인 남성하고만 이야기하는 경우가 빈번히 일어나고 있습니다. 실제로 일본에서는 일부를 제외하고는 일반적으로 남성이 **결재권이 있는** 상사의 위치에 있는 경우가 압도적으로 많으므로 **지레짐작**을 하는 것입니다. 그러나 이런 오해 때문에 일본은 남녀 차별이 심한 나라라는 인상을 더욱 강하게 심어주게 됩니다.

여자는 언제나 남자의 세 걸음 뒤에서 따라가야 한다는 것은 옛날 사고방식이며 지금은 일본에도 **고용기회균등법**이 있습니다. 그렇지만 여성의 지위가 남성과 완전히 대등해지기까지는 아직도 넘어야 할 산이 많습니다.

　「情」とは人へのケアや思いを示す言葉です。日本人は、ビジネスなどで、結果よりも、人の努力や強い思いに対して、「情」をかける風習があります。

　実際、欧米の文化に比べ、日本文化は**ウエット**な文化であるとよく言われます。

　古くは能、歌舞伎や文楽でも、人の**怨念**や情念が常にテーマとなっています。日本の**怪談話**は、人の恨み、**執着**や愛憎を取り上げます。それに対して、欧米のオカルトは悪魔や怪物、そして単なる**連続殺人者**や狂気による犯罪を取り上げます。

　テレビドラマなどでは、欧米のストーリー展開よりも遥かに愛情表現や「情」の交換に時間が裂かれています。別れのシーンなどで、涙目でお互い見つめ合い、そこでの会話をBGMで盛り上げる手法は日本のドラマの定番です。

　多くの外国人は、そんな日本のドラマを見て、**ウエットすぎる**と批評します。時には見ている人が恥ずかしくなるぐらい、感情表現が大袈裟に見えるのだという人もいるのです。

'정'이란 타인에 대한 보살핌이나 친근한 감정을 표현하는 말입니다. 일본인은 업무에서도 결과보다는 노력이나 강한 집념에 '정'을 느낍니다.

실제로 서양문화와 비교할 때 흔히 일본문화를 **감상적인** 문화라고 합니다.

예전에는 노, 가부키(노래와 춤, 기예로 구성되는 일본전통 종합 연극: 옮긴이), **분라쿠**(섬세한 동작과 짜임새 있는 줄거리로 일본 근세 서민정서가 담긴 전통 인형극: 옮긴이) 같은 전통예술은 언제나 인간의 원한이나 정념을 주제로 삼았습니다. 일본의 **괴담**은 한이나 **집착**, 애증을 문제 삼는 데 비해 서양의 괴담은 악마나 괴물, 단순한 **연쇄살인범**, 광기로 말미암은 범죄를 문제 삼습니다.

텔레비전 드라마도 서양처럼 스토리 전개에 초점을 맞추기보다는 애정표현이나 '정'을 나누는 것에 시간을 더 많이 할애합니다. 헤어지는 장면에서 눈물 젖은 눈으로 마주보고 거기에 배경 음악을 깔아 대화 내용을 고조시키는 것은 일본 드라마의 정석입니다.

「情」の発想は、ビジネスの世界でも至る所に見ることができます。お互いのことをよく知って、相手に「情」をもてばこそ、取引がうまくいくという**人間関係優先**のモラルが今でも日本のビジネス環境を支えています。元々中国語が語源とはいえ、情報という言葉が、「情に報いる」と書き、長く使用されている背景にも、そんな日本人のウエット感覚があるのかもしれません。

　日本で**営業員**が地方の顧客を訪問すると、わざわざ遠いところをこられたのでと言って、発注をすることがしばしばあります。それだけではなく、何度もお越しいただいたのでということで、サプライヤーの努力を**評価**して商談が成立することも多いのです。

　いかに汗をかいたか。どれだけ**熱心**に取り組んだかといっ

외국인은 이런 일본 드라마를 **지나치게 감상적이라고** 비평합니다. 때로는 보는 사람이 부끄러울 정도로 감정 표현이 과장되었다고도 합니다.

'정'은 비즈니스 세계에서도 쉽게 볼 수 있습니다. 서로 잘 알고 '정'을 느낄 수 있어야 거래가 잘된다는 **인간관계 우선**의 윤리가 지금도 일본의 비즈니스 환경을 떠받치고 있습니다. 본디 중국어에 어원을 두고 있는 정보(情報)라는 말은 '정에 보답한다'는 뜻으로 이 단어가 오랫동안 사용되고 있는 배경에는 일본인의 감상적인 감각이 있기 때문일지도 모릅니다.

일본인 노력을 인정해주지 않는다.

외국인 일본인은 늘 '최선을 다했다'고 말한다.

일본의 경우, **영업 사원**이 지방에 있는 거래처를 방문하면 일부러 멀리까지 와주어 고맙다며 발주를 해줄 때가 종종 있습니다. 그뿐만 아니라 여러 번 발걸음을 해준 공급자의 노력을 높이 **평가**하여 거래가 성사되는 일도 흔합니다.

얼마나 땀을 흘렸으며 얼마나 **열심**히 했는가 하는, 일하는 과정에서 보여준 노력을 결과보다 높이 평가하는 일본

た、プロセスでの努力が結果よりも評価されかねない日本の風習を見て、欧米の人は驚きます。

　日本流に考えれば、これだけ熱心にやるということは、本人に本当にやる気がある証拠で、今回は失敗しても、そうした人の情熱には敬意を払い、次の成功に期待すべきだということになるのでしょう。

　ドライに結果のみで人の能力を評価する欧米の人から見れば、このアプローチは合理的ではなく、あまりにもウエットすぎて理解できません。

　人間関係を構築し、その上で仕事に取り組む日本人と、まずは仕事に取り組んで、その過程で人間関係が構築される欧米の人とでは、仕事の進め方にも大きな違いがあります。

　しかも、仕事が終われば、そのチームは解散し、未来に向けて次のチームに向かって去ってゆきます。お酒を一緒に飲んで、「情」を交わして長くつきあってゆこうとする日本人から見れば、なんとも**味気ない**アプローチに見えてしまうのです。

인의 관습을 보고 서양인은 놀랍니다.

일본식으로 생각하면 그만큼 열심히 했다는 것은 반드시 해내겠다는 의지가 있다는 증거이며 이번에는 실패하더라도 그 열정에 경의를 표하고 다음에는 성공할 것이라는 기대를 할 수 있다는 것입니다.

냉정하게 결과만으로 사람의 능력을 평가하는 서양인 쪽에서 보면 이런 접근은 비합리적이며 지나치게 감상적이어서 이해가 되지 않습니다.

인간관계를 구축하고 그 바탕 위에서 업무에 착수하는 일본인과 먼저 업무에 착수하고 그 과정에서 인간관계가 구축되는 서양인과는 업무진행 방법에도 큰 차이가 있습니다.

더구나 서양인은 업무가 끝나면 그 팀은 해체되며 미래를 향해 다음 팀을 향해 가버립니다. 함께 술을 마시고 '정'을 나누며 오랫동안 사귀어가기를 바라는 일본인 쪽에서 보면 너무나 **무미건조**해 보입니다.

第3章

「落ち」の言い方 vs.
「命令」の伝え方

英語ができても
通じていない日本人の悲しい現実
起承転結に混乱する欧米人
どぎまぎする日本人

기승전결
방식 vs.
명령전달
방식

제3장
기승전결 방식
vs. 명령전달 방식

영어는 알지만
통하지 않는 일본인의 슬픈 현실
기승전결 방식이 혼란스러운 서양인
갈팡질팡하는 일본인

　日本人はスピーチをするとき、**起承転結法**によってロジックを組み立てます。すなわち、何か一つの事例やバックグラウンドを説明して、次第に論旨を組み立て、最後に結論を表明するのです。「**落ち**」が最後にある落語のようなものですね。

　しかし、この論理構造がわかるのは、漢字文化圏の人だけです。欧米には起承転結法はありません。まず、**結論**からはいって、その理由を説明し、次に事例をのべ、最後に再びスピーチの**まとめをして**終了という論理構成をとるのです。

　日本人にとっては、ちょうど軍隊の命令（コマンド）の伝え方に似ています。すなわち、何をするかまず伝え、そしてその理由と、過去の事例、最後にまとめをして意識を高揚させるというわけです。

　そんな欧米の人が日本人のスピーチを聞くと、その人がいかに英語ができても、話の流れが理解できず、起承転結の「起」の部分が結論だと勘違いして混乱してしまうのです。

　まずいことに、論旨がわからなくなった欧米の人は、確認のために、彼らの流儀に従って日本人が話をしている最中に割

일본인은 연설할 때 **기승전결** 방식에 맞추어 논리를 폅니다. 이를테면 처음에 사례를 들어 배경을 설명하고 그다음에 논지를 세우고 마지막으로 결론을 드러냅니다. '**결말**'이 마지막에 있는 만담과 같습니다.

그러나 이 논리구조를 이해할 수 있는 것은 한자 문화권에 속한 사람뿐입니다. 서양에는 기승전결 방식이 없습니다. 먼저 **결론**부터 말하고 그 이유를 설명하고 그다음에 사례를 말하고 마지막으로 연설의 요점을 다시 **정리하고** 끝내는 논리구성법을 씁니다.

일본인이 보기에는 마치 군대에서 명령(명령어)을 전달하는 방법과 비슷합니다. 다시 말하면 무엇을 해야 하는지 먼저 알려주고 그 이유와 과거의 사례를 알려주고 마지막으로 정리해서 의식을 고양하기 때문입니다.

따라서 서양인들은 일본인의 연설을 들으면 일본인이 아무리 영어를 잘해도 이야기의 흐름을 이해하지 못하며 기승전결의 '기' 부분을 결론으로 착각하고 혼란스러워합니다.

더욱 난처한 것은 서양인들은 논지를 이해하지 못하면

り込んで、確認したり、意味がわからないことを表明したりします。すると、割り込まれることに慣れていない日本人は、ますます**緊張して**、再び「起」から話をはじめたりするのです。

こうしたトラブルを防ぐためにも、欧米流の**ロジック展開**に慣れておくよう、前もって準備をしておきたいものです。

日本人 英語ができないことを謝ったら変な顔された。

外国人 日本人はよほど自信がないのね。
自らのプレゼンですら謝ってばかり。

55

日本人は、自分の英語力をともかく気にしすぎます。

そして、スピーチをするときですら、最初に英語がうまくないことを詫びたりします。時には、「英語が苦手で緊張しています」なんて言ったりするものですから、聞いている人は、この人は自信がないんだな、そんな人の言うことを聞く価値があるのだろうかと思ってしまいます。

スピーチや、プレゼンをするとき、日本と欧米とでは、**暗黙のルール**に違いがあることを知っておきましょう。

日本人はスピーチをする人は、聞き手にしっかりとメッ

일본인이 한창 이야기를 하고 있는데 그들 방식대로 끼어들어 확인하거나 이해를 못 하겠다고 말하기도 합니다. 이렇게 되면 끼어드는 것에 익숙하지 않은 일본인은 점점 더 **긴장해서** 다시 '기'부터 이야기를 시작합니다.

이러한 문제를 방지하기 위해서라도 서양의 **논리전개** 방식을 미리 익혀두어야 합니다.

일본인 영어가 서툴다고 사과하면 의아해한다.

외국인 일본인은 너무 자신감이 없다.
본인이 연설하면서도 계속 사과한다.

일본인은 자신의 영어 실력에 대해 지나치게 신경을 씁니다.

그래서 연설할 때도 영어가 서툴다는 사과를 먼저 합니다. 때로는 영어가 서툴러서 긴장된다고 말하기도 합니다. 이렇게 되면 듣는 쪽에서는 저렇게 자신이 없는 사람의 말을 들어볼 필요가 있나 하고 생각할 것입니다.

연설이나 발표를 할 경우, 일본과 서양 사이에는 서로 다른 **보이지 않는 규칙**이 있다는 사실을 알아야 합니다.

일본의 연설자는 청중들에게 정확한 메시지를 전달하

セージを伝え、聞き手にわかるように完璧な知識とノウハウをもって話をしなければならないと考えます。

　それに対して、欧米では、聞き手がスピーチをする人の言うことを理解するためには、聞き手の責任として積極的に行動しなければならないという意識があるのです。

　スピーチをする人の責任を重く見る日本人と、聞き手が理解するための自己責任を意識する欧米の人との違いが、日本人を交えたプレゼンテーションの場などで、さまざまな行き違いや、誤解を生んでしまうのです。

　したがって、日本人は、英語が出来ないことを謝るのではなく、自分の言いたいことを堂々と話し始めるようにしたいものです。

　いずれにせよ、聞き手である欧米の人たちは、分からないことがあれば自分から進んで問いかけてくるのですから。

| 日本人 | 話している最中に質問攻めにあってギブアップした。 |

| 外国人 | 日本人は私が質問するといつも立ち往生、どうなってるの？ |

56

　聞き手が自己責任において話し手のいうことを理解しよう

되 그들이 잘 알아들을 수 있도록 완벽한 지식과 정보를 가지고 이야기해야 한다고 생각합니다.

그에 비해 서양에서는 듣는 사람이 연설을 이해하기 위해 책임감을 가지고 적극적으로 행동해야 한다는 의식이 있습니다.

연설하는 사람의 책임을 중히 여기는 일본인과 잘 알아듣기 위해서는 듣는 사람이 책임의식을 가져야 한다는 서양인의 차이 때문에 일본인과 서양인이 함께 발표하는 장소에서는 여러 가지 착오와 오해가 일어납니다.

따라서 일본인은 영어가 서툴다고 사과할 것이 아니라 하고 싶은 이야기를 당당하게 시작해야 합니다.

어쨌든 듣는 쪽은 서양인이므로 모르는 부분이 있으면 자진해서 물어올 것이기 때문입니다.

일본인 연설하는 도중에도 마구 질문을 퍼부어 포기했다.

외국인 질문을 하면 일본인은 항상 갈팡질팡한다. 왜 그러는가?

듣는 사람이 책임의식을 가지고 잘 들어야 하는 서양인

とする欧米の人は、多くの場合、スピーチの最中でもどんどん質問を**浴びせて**きます。

　話し手のいうことをじっと聞くことがマナーであるとう考え方をもち、人の話は最後まで聞くものだということが習慣となっている日本人は、この態度に戸惑います。特に英語に自信がなければなおさらです。

　この時、その場をコントロールするのは話し手の責任であり、例えばアメリカ人の上司などは、話し手である部下が、いかに会場をコントロールできるかという技量にも注目することがあるのです。

　英語が苦手な日本人の場合、話の前に、聞き手に「私のプレゼンテーションは、15分間ぐらいです。話している間は、質問を**控えて**ください。プレゼンテーションの後に、質問を受ける時間をとっていますので」という風にルールを提示すればいいのです。

　それでも、話している途中に質問がきた場合も、「ああ、先ほどお話したように、質問は後で受け付けます。今はプレゼンテーションを続けさせてください」と相手に言えばいいのです。

　会場をコントロールし、質問者の対応を交通整理することは、話し手、プレゼンテーターの役割なのです。

들은 한창 연설이 진행되고 있는 중에도 계속해서 질문을 **퍼붓습니다.**

다른 사람이 말할 때는 잠자코 듣는 것이 예의라고 생각하고 이야기를 끝까지 듣는 습관이 있는 일본인은 이러한 서양인의 태도에 당황하게 됩니다. 영어에 자신이 없을 경우는 더욱 그렇습니다.

그럴 때에 이 상황을 통제하는 것이 발표자가 할 일입니다. 미국인 상사는 부하직원이 발표를 하면서 회의장을 어떻게 통제하는지를 눈여겨보고 그 능력을 평가하기도 합니다.

영어가 서툴다면 발표를 시작하기 전에 사람들에게 '저의 발표는 15분 정도이며 발표하는 동안에는 질문을 **삼가** 주십시오. 질문은 발표 후에 받겠습니다'라는 규칙을 제시하면 됩니다.

그런데도 발표 도중에 질문하는 사람이 있으면 '조금 전에 말씀드린 바와 같이 질문은 나중에 받고 지금은 발표를 계속하겠습니다'라고 말합니다.

회의장을 통솔하고 질문자에게 적절히 대응하는 것은 말하는 쪽인 발표자가 해야 할 역할입니다.

　スピーカーは万全の準備をしておかなければならないと思い、必死でプレゼンテーションの用意をしてきた日本人は、自分が想定していない質問などに出くわすと、恥ずかしそうに、相手に分からないことに対してお詫びをしたりしかねません。

　この場合も、いかにその事態を**切り抜ける**ために場をコントロールするか、話し手の腕前が試されます。「良い質問ですね。そのことは私もわかりません。会場にきいてみましょう。何か良い案はありませんか」とか、「それはすばらしい指摘です。私にちょっと時間をください。来週の火曜日までに調べてお知らせしましょう」などといった**堂々とした対応**で、質問を捌くノウハウを身につけたいものです。

　スピーカーは、会場の秩序を守る司会者の役割もかねているのだという風に思ってください。そして、仮に知らないことを指摘されても、それはよくあることで、欧米の人は、むしろ話題がその質問を契機にどのように展開し、新しい局面へと向かうのかといったことを期待するのです。

　スピーカーは完璧である必要はないのだと思えば、もっと

질문에 대답을 못해서 갈팡질팡했다.

일본인은 대답할 수 없는 질문이 나오면
금방 허둥거린다.

　발표자는 만반의 준비를 해야 한다고 생각하고 필사적
으로 준비한 일본인은 예상치 못한 질문이 들어오면 부끄
러운 듯이 모른다고 사과합니다.

　이런 경우, 그 상황을 **극복하기** 위해 어떻게 회의장을
통솔하는지에 대한 발표자의 능력이 시험대에 오릅니다.
'좋은 질문입니다만 저도 잘 모르겠습니다. 이 자리에 모
이신 분들에게 물어봅시다. 여러분, 좋은 방법이 없겠습
니까?', '참신한 지적입니다. 저에게 시간을 조금 주시면
다음 주 화요일까지 조사해서 알려드리겠습니다'라는 식
으로 **당당하게 대응**하며 질문을 처리하는 요령을 익혀야
합니다.

　발표자는 회의장의 질서를 유지하는 사회자의 역할도
겸하고 있다고 생각하십시오. 그리고 가령 모르는 것을 지
적당하더라도 이는 흔히 있는 일이며, 서양인들은 그 질문
을 계기로 화제가 어떻게 전개되며 새로운 국면으로 접어
드는지를 오히려 기대하고 있습니다.

リラックスして、話を進めることができるはずです。

　日本人は、沈黙に強い民族です。それに対して、欧米の人は、長い沈黙には慣れていません。

　したがって、欧米人は、「質問はありますか？」と聞いて、質問を待つ時間が、日本人より短く、どんどん先に進もうとします。

　しかも、日本人には「遠慮」があって、人前でいきなり質問をしたりすることを憚ることも多々あります。まして、上司を差し置いて部下が質問をしたりすることを控える傾向があるので、尚更です。

　欧米の人は、間髪をいれず質問し、時には自分の知識を**アピールする**ために、質問の名をかりて、知っていることを公開しながら、話し手に問いかけをしたりすることもよくあります。

　したがって、欧米の人が日本人の前で話をすると、日本人の

발표자가 완벽할 필요는 없다고 생각하면 좀 더 편안하게 이야기를 끌어갈 수 있을 것입니다.

일본인 발표를 듣고도 잠자코 있으면
상대방은 계속 긴장한다.

외국인 발표를 하는데도 일본인은 잠자코만 있다.
무엇을 생각하나?

일본인은 침묵에 강한 민족입니다. 그에 비해 서양인은 긴 침묵에 익숙하지 않습니다.

그래서 서양인은 '질문 없습니까?' 하고 물으며, 질문이 나오기를 기다리는 시간도 일본인보다 짧고 자꾸 앞으로 나아가려 합니다.

그러나 조심성이 많은 일본인은 사람들 앞에서 불쑥 질문하기를 주저할 때가 많습니다. 더욱이 상사를 제쳐놓고 부하직원이 질문하는 것을 삼가는 경향이 있기 때문에 더욱 그렇습니다.

서양인은 바로바로 질문하며, 때로는 자신의 지식을 **드러내기** 위해 질문이라는 이름을 빌려 알고 있는 것을 공개하는 일도 흔히 있습니다.

따라서 서양인은 일본인 앞에서 이야기할 때면 긴 침묵

沈黙に**耐えられず**、「本当に私の提案に満足したのだろうか」などと心配になったり、あいつらこちらの提案には興味がないんだなどと、思い込んでしまったりするのです。

　時には、日本人は、プレゼンテーションが終わったあと、別の場所で個人的な意見やフィードバックをしてくることもあります。欧米の人は、それならなぜあの時に言ってくれなかったのだろうかと不審に思うのです。

　欧米人のプレゼンテーションを受けるときは、日本人も**その場で**どんどん質問し、意見を交換するよう、日本人同士でも事前にルールづくりをしておくことをお薦めします。

日本人	日本人同士で打ち合わせながら外国人に話したら、不快そうだった。
外国人	日本人だけでなが～く話して、短い説明を英語だけ。嫌な奴ら。

59

　会議でよく問題になっている日本人の英語について一言。

　外国の人を交えた会議で、よくある光景ですが、外国の人が何か話したあと、それを受けて日本人が仲間と長々と日本語で打ち合わせをはじめ、そのあと代表者が英語で外国人に短く説明。会議の間中そうしたことの繰り返しというようなことが

을 **견디지 못하고** '내 제안에 정말로 만족하는 것일까?'라고 걱정하기도 하고, 내 제안에는 흥미가 없는 모양이라고 믿어 버리기도 합니다.

게다가 일본인은 때때로 발표가 끝난 후에 다른 장소에서 개인적인 의견이나 감상을 말하기도 하므로, 서양인들은 왜 발표할 때는 아무 말도 하지 않았는지 의아해합니다.

서양인의 발표를 들을 때는 **그 자리에서** 바로바로 질문하고 의견을 나눌 수 있도록 일본인끼리 미리 규칙을 만들어 두는 것이 좋겠습니다.

일본인 일본인끼리 상의해가면서 외국인에게 이야기하면 불쾌해한다.

외국인 자기들끼리 길게 이야기하고 영어로는 짧게 말하는 얄미운 일본인.

회의할 때 자주 문제가 되는 일본인의 영어에 대해 한마디 하겠습니다.

외국인과 함께 회의할 때 흔히 볼 수 있는 광경인데, 외국인이 이야기하면 그것을 받아서 일본인들끼리 일본어로

あるのです。

　しかも、いつも同じ人が発言し、そこに出席している他の人はダンマリ。

　考えてみれば、気持ちの悪い**光景**です。

　海外の人から見れば、自分が会議に参加している実感もわかなければ、日本側も本当に会議に積極的であるようにも見えません。外国の人に話をする人以外の日本人は、何のために会議にでているのやら、一体やる気はあるやら、外国の人にはわかりません。

　疎外された気がして、外国の人はそわそわ。しかも、ときよりながーい沈黙。

　黙って座る日本人を見て、「もしかして、何かとても失礼なことをしたから怒っているのかな」と、心配になる外国人はまだ人の良い方。

　多くの人は、何か**堅苦しい**役所にいるみたい。これじゃあ何も一緒にできないなと失望してしまいかねないのです。

길게 이야기한 후에 대표자가 영어로 짧게 설명하는 일을 회의 내내 반복하는 것입니다.

그것도 항상 똑같은 사람이 말을 하고 다른 사람들은 잠자코 있습니다.

생각해보면 외국인으로서는 심기가 불편할 수밖에 없는 **광경**입니다.

외국인 측에서는 회의를 한다는 실감이 나지 않을뿐더러 일본 측의 적극성도 느낄 수가 없습니다. 대표로 나서서 말하는 사람을 제외한 다른 사람들은 무엇 때문에 회의장에 나와 있는지, 회의하려는 의지는 있는지 전혀 알 수가 없습니다.

이럴 때 외국인은 **소외당하는** 것 같아 마음이 편하지 않은데, 게다가 일본인들은 때때로 오랫동안 침묵을 지키기까지 합니다.

잠자코 앉아 있는 일본인을 보며 '혹시 내가 무슨 실수라도 해서 화가 난 건가?' 하고 걱정하는 외국인이라면 그나마 나은 편입니다.

대부분은 왠지 **거북살스러운** 관청에 나와 있는 것 같아, 이래서는 아무 일도 같이 못 하겠다며 실망하고 말 것입니다.

　日本人は、自らのことを他と異なる特殊な文化を持った民族だと思っているせいか、よく日本人全てをひっくるめて、「We Japanese ……」といった表現で相手に自らのことを説明しようと**しがち**です。

　これを多用すると、聞いている人は、いつも「日本は違うんだ」と言っているように聞こえ、さらに、何で個々の質問に日本を代表するようなものの言い方で反応するのかと誤解されることもありえます。

　外国の人から見れば、何か日本人が日本を右翼のように意識して、外国人を疎外しているように思えるのです。

　したがって、こうした表現は控えて、より客観性をもった表現で、説明をすることをお薦めします。Weをとって、Japaneseからはじめるだけで、自分と日本人一般とを切り離した**客観性**が生まれます。敢えて「We Japanese」の代わりにTheyを使うのもいいかもしれません。

　いずれにせよ、日本は外国とは違うんだという**前提**をもった表現だけで終始するよりは、**客観的**で**具体的**な事例などをだ

일본인 '우리 일본인은……'이라고 하면 언짢아한다.

외국인 그런 식으로 말하면 우리가 소외당하는 것 같다.

일본인은 스스로를 남과는 다른 특별한 문화를 가진 민족이라고 생각하는 모양인지, 자신에 대해 설명하는 경우에도 흔히 일본인을 통틀어 '우리 일본인은……'이라는 표현을 **쓰는 경향**이 있습니다.

외국인은 이런 말을 들을 때마다 '일본은 특별하다'고 강조하는 것처럼 들린다며, 개인적인 질문을 했는데 왜 일본을 대표하는 듯한 표현을 쓰느냐고 오해하기도 합니다.

외국인 입장에서 보면 왠지 일본인이 스스로를 보수파로 의식하면서 외국인을 소외시킨다고 생각할 수도 있습니다.

그러므로 이런 표현을 삼가고 좀 더 객관적인 표현으로 설명하는 것이 좋습니다. '우리'라는 말을 빼고 '일본인'부터 시작하는 것만으로도 자신과 일본인 전체를 분리하는 **객관성**이 생깁니다. '우리 일본인'이라고 하는 대신에 '그들'이라는 표현을 사용하는 것도 좋습니다.

어찌됐든 일본은 서양과 다르다는 것을 **전제**로 하는 표현보다는 **객관적**이고 **구체적**인 사례를 들어 대처 방안이

して、対処法や解決方法を説明したほうが、相手も納得しやすいのではないでしょうか。

日本人 「What's the matter with you?」と言ったら相手が怒りだした。

外国人 私は警察官だよ。そんな無礼な態度はないだろう。

61

　日本人は、受験のために英語を学習する中で、英語表現に対して多くの誤解をしています。それは、実践ではなく、紙の上だけで問題を解決する日本の英語教育の最も弱いところといえるでしょう。

　ここに取り上げた、「What's the matter with you?」は、日本では「どうしましたか?」と訳され、問題がおきたときなどに相手に問いかける表現として教えられているようです。

　アメリカで、スピード違反で**停止を命じられた**日本人のドライバーが警察官にこの表現をして、警察官の怒りをかった事例があります。この表現は、むしろ「いったいどうしちゃったんだい。あんた」というぐらい、相手の不可解な行動に当惑し、それをたしなめるときに使うのだと、心に刻んでおく方がいいのではないでしょうか。

나 해결책을 설명해야 상대방도 더 이해하기 쉬울 것입니다.

일본인은 입시를 위한 영어공부를 하다 보니 잘못 알고 사용하는 표현이 많습니다. 이는 실제 체험이 아니라 책에 나와 있는 문제만 푸는 일본 영어교육의 가장 커다란 문제라고 할 수 있습니다.

여기에 예로 든 'What's the matter with you?'를 일본에서는 '무슨 일 있습니까?'라고 해석하며 문제가 생겼을 때 상대방에게 질문하는 표현이라고 가르칩니다.

미국에서 일본인이 속도를 위반해 경찰관이 **정지명령을 내렸는데** 일본인 운전사가 이 표현을 쓰자 경찰관이 화를 내더라는 이야기가 있습니다. 이 말은 '너 왜 그래. 뭐가 문제야?'라는 의미로, 상대방의 이해할 수 없는 행동을 나무랄 때 사용하는 표현이라는 것을 마음에 새겨두는 것이 좋습니다.

受験英語をそのまま日常で使うとき、思わぬ落とし穴があることを日本人は知っておきたいものです。

　受験勉強の**弊害**をもう一例紹介します。

　日本人は外国人によく「You had better to visit Kyoto」などと言っているのを耳にしませんか。日本では「You　had　better……」を相手に何かを勧めたり、推薦したりする表現だと教えます。

　しかし、実際の「You had better……」は、相手に強要したり、警告したりするときに使用する強い表現なのです。

　したがって、通常の会話でこの表現を使用することは、相手に思わぬ不快感を与える可能性もあるのです。「京都に行けよ。わかったかい」という風に相手に聞こえれば、相手はなんだこいつと思うはずですよね。

입시 영어를 그대로 일상생활에서 쓰게 되면 생각지도 못한 함정에 빠진다는 사실을 마음에 새겨두시기 바랍니다.

일본인 'You had better……'라고 말하면 언짢아한다.

외국인 내 일은 내가 알아서 해. 그렇게 강요하듯 말하지 마!

입시만을 위한 공부의 **폐해**를 하나 더 소개하겠습니다.

일본인이 외국인에게 곧잘 'You had better to visit Kyoto'라고 하는 것을 들어 본 적이 있습니까? 일본에서는 'You had better……'를 권유하거나 추천할 때 쓰는 표현이라고 가르칩니다.

그러나 실제로 'You had better……'는 상대방에게 강요하거나 경고할 때 사용하는 강한 표현입니다.

그러므로 일상적인 대화에서 이 표현을 사용하면 상대방에게 불쾌감을 줄 수도 있습니다. '교토에 꼭 가야 한다. 알았지?'라는 말로 들린다면 상대방 역시 '뭐 이런 녀석이 다 있나?'라고 생각할 것입니다.

すでにお話ししたように、情に基づいて物事を判断したり、人間関係を重視してプロジェクトの是非を決めたりしがちな日本人は、時にはロジックではなく感情で相手に対応したりします。

　実は、日本人は伝統的に「Why?」という質問に弱いのです。そのように言われると何か文句を付けられているように思い、ついつい感情的な応対をしてしまいます。しかも、欧米の人はロジックを理解するために「Why?」が大好きです。

　日本人は逆に「How」に導かれる質問を好みます。「How」は相手に方法やプロセスをきくための質問で、具体的な答えが必要なために、漠然と「Why?」ときかれるより、心理的な**負荷**なく対応できるのです。

　しかも、「Why?」の場合、相手に対等に挑戦してくるように日本人には誤解されやすく、「How」であれば、相手から学びたいという意思が伝わり、日本人の「謙遜」の文化に支えられたコミュニケーションに**合致する**のです。

앞에서 말했듯이 매사를 정에 근거하여 판단하거나, 인간관계를 중시하여 프로젝트의 잘잘못을 결정하는 경향이 있는 일본인은, 때때로 논리적이 아니라 감정적으로 상대방에게 대응하곤 합니다.

사실 일본인은 전통적으로 'Why?'라는 질문에 약합니다. 그런 말을 들으면 뭔가 이의를 제기하는 것처럼 생각되어 결국 감정적으로 대응하게 됩니다. 그러나 서양인은 논리적으로 이해하기 위해 'Why?'라고 묻는 것을 좋아합니다.

이에 비해 일본인은 'How'로 시작되는 질문을 좋아합니다. 'How'는 상대방에게서 방법이나 과정을 듣기 위한 질문이므로 구체적인 답변을 해주면 되기에 막연하게 'Why?'라고 묻는 것보다 심리적으로 **부담** 없이 대응할 수 있습니다.

더욱이 'Why?'는 상대방이 대등하게 도전해오는 것으로 오해하기 쉽지만, 'How'는 상대방에게서 배우고 싶다는 의사가 전달되므로 '겸손'이라는 문화가 밑바탕에 깔린 일본인의 의사소통 방법과도 **일치합**니다.

日本人は「Why?」に慣れ、外国の人は「How」を使った質問の方法を覚えてコミュニケーションをすればスムーズに行くのですが。結構大変ですね。

日本人	築地のおじさんたちは嫌われた。
外国人	もっと丁寧に言ってよ。私たちバカじゃないんだから。

64

以前、**築地市場**に興味をもった外国人観光客が、市場で働く人の邪魔をすることが問題となり、現場の人が大声で外国人の行動を注意することが何度もありました。そして、その後、いきなり**立入制限**が実施されたのです。

外国人が日本の伝統的な風習などに興味を持つことは嬉しい限りです。ただ、それが仕事場でのトラブルとなったとき、いかにそれに対応するかというノウハウを研修する必要があります。

命令口調で、強く静止したりすることは、得てして外国人の**自尊心**に冷水を浴びせてしまいます。何故問題なのか、どうしたらいいのかをロジックをもってオリエンテーションし、ルールを解説することが最初に求められるのです。

일본인은 'Why?'로 묻는 말에 익숙해지고, 외국인은 'How'로 질문하는 방법을 익혀서 의사소통을 한다면 부드럽게 잘 될 것 같으나, 이는 상당히 어려운 문제입니다.

일본인 **쓰키지시장 아저씨들이 꺼려한다.**

외국인 **좀 더 예의 바르게 설명해 줘. 우린 바보가 아니니까.**

외국인 관광객들이 **쓰키지 시장**[도쿄도(東京都)에 있는 시장: 옮긴이]을 구경하며 돌아다니자 작업에 방해된다며, 현장에서 일하던 사람이 큰 소리로 외국인의 행동을 나무란 적이 몇 번 있었습니다. 그 후 쓰키지 시장은 갑작스레 외국인의 **출입이 제한**되었습니다.

외국인이 일본의 전통적인 풍습에 관심을 가져주는 것은 무척 반가운 일입니다. 그러나 그런 관심이 업무 현장에서 문제가 되었을 때의 대응 방법을 잘 익혀두어야 합니다.

명령조로 강하게 제지하면 자칫 외국인의 **자존심**에 상처를 주게 됩니다. 먼저 무엇이 문제이고, 어떻게 하면 좋은지를 논리적으로 가르쳐주고 규칙을 설명해줘야 합니다.

感情ではなく、ロジックでの説明が必要というわけです。トラブルのときほど、日本人は感情に訴える傾向がありますが、アメリカなどでは、知的であればあるほど、ロジックでの説明を求めてきます。

　その視点に立って見た場合、築地市場でのトラブルは悲しい結末となってしまいました。市場全体あるいは都としての、英語でのロジックをもった説明ができずに、現場の人の感情的な対応だけに頼ったことは、残念なことといえるでしょう。

日本人	飛行機が着陸したとき、彼らは不満そうだった。
外国人	新幹線が遅れても、日本語での説明だけ。不親切だね。

65

　新幹線や、飛行機ですら、日本語では遅れやサービスの内容について丁寧に説明しています。海外でもそこまでと思うほどに、詳しくいろいろとアナウンスが流れてきます。

　それに対して、英語ではほとんどそうしたフォローがありません。

　困ったのは、国内線の飛行機でも、例えば飛行場が込み合っ

감정적으로 대응할 게 아니라 논리적인 설명이 필요합
니다. 문제가 생겼을 때일수록 일본인들은 감정에 호소하
는 경향이 있으나 미국 같은 나라에서는 지적인 사람일수
록 논리적으로 설명해주기를 바랍니다.

이런 관점에서 보면 쓰키지 시장의 문제는 그 결말이 바
람직스럽지 못했습니다. 시장이나 도쿄도의 관계자가 영
어로 논리적인 설명을 해주었더라면 좋았을 텐데, 현장에
서 일하는 사람의 감정적인 대응에만 의존한 것은 아쉽기
만 합니다.

일본인 **비행기가 착륙했을 때 그들은 불만스러워 보였다.**

외국인 **신칸센이 지연될 때도**
일본어로만 안내하다니, 불친절하다.

신칸센이나 비행기를 타면 서비스나 지연(遲延)에 대한
안내를 일본어로 친절하게 설명해줍니다. 외국인들도 저
렇게까지나 하고 감탄할 정도로 온갖 안내방송이 자세하
게 흘러나옵니다.

그러나 그런 지원을 영어로는 거의 해주지 않습니다.

예를 들자면 국내선 비행기의 경우에도 비행장이 붐벼

ていて、着陸に時間がかかるといったアナウンスが日本語で
しか伝えられないことが多いのです。

　英語でのアナウンスはマニュアルに沿って行われていて、
マニュアルにない特別な事情を**想定して**いないのです。そし
て、それ以上に、英語の間違いを気にしすぎるため、フライ
トアテンダントなどが自らマニュアル以外の英語にチャレン
ジしないことにも課題が残ります。必要なのは情報です。英
語の正しい発音や文法ではないのです。

　日本はサービスのいい国だと、日本人はプライドを持って
います。であればこそ、そうした海外の人へも同じような
サービス精神を発揮してもらいたいものですね。

日本人 発音を気にしすぎていると仲間から浮いてしまった。

外国人 完璧な英語じゃなくていい。
我々はコミュニケーションをしたいんだ。

66

　これも受験勉強の弊害でしょうか。それとも日本人の**国民性**
でしょうか。

　正しい発音で話をしようとする余り、かえって会話がぎく

서 착륙에 시간이 걸린다는 등의 안내방송을 일본어로만 하는 경우가 많습니다.

영어 안내방송은 매뉴얼에 따라서만 하고 있으며, 매뉴얼에 없는 특별한 상황이 생길 경우는 **계산에 넣지** 않습니다. 또한, 영어로 말하다가 혹시 실수나 하지 않을까 하고 지나치게 두려워한 승무원들이 매뉴얼에 나와 있지 않은 영어에는 아예 도전조차 하지 않는 것도 문제입니다. 필요한 것은 정확한 영어 발음이나 문법이 아니라 정보입니다.

일본인들은 일본은 서비스가 좋은 나라라는 자부심을 가지고 있습니다. 따라서 외국인에게도 동일한 서비스 정신을 발휘해야 할 것입니다.

일본인 **발음에 너무 신경 쓰다가 동료들한테서 멀어졌어.**

외국인 **완벽한 영어가 아니라도 괜찮아.
우리는 소통을 원한다.**

이것 역시 시험공부의 폐해일까요? 아니면 일본인의 **국민성**일까요?

정확한 발음에 지나치게 신경을 쓰는 바람에 오히려 대화

しゃくすることが多々あります。中には、それに加えて文法まで意識するから大変です。

　実際、巷には、発音を意識する英語学習書が氾濫しています。

　世界語である英語には、話す人によって、世界中のアクセントや発音の癖が聞き取れます。何もアメリカやイギリスの英語が正しいのではなく、実際アメリカとイギリスでも英語の発音やイントネーションは大きく異なります。

　そうしたことよりも、もっと大切なことは、フレンドリーで堂々と、あたかも自分こそがネイティブだというくらいの**気概をもって**、積極的に相手に対応する事です。そして、相手の文化を理解して、相手の心に響くようにジェスチャーなどを駆使して挑んでいく姿勢です。

　その上で、発音などを、少しずつ矯正してゆけばいいわけで、順序が逆なのです。それではあたかも素振りばかりをして、本当の野球を経験せずに試合にでるようなものなのです。日本人は本当に素振りが好きですね。

　心ある人なら、あなたが最初からぺらぺらだなどと思っていません。むしろ努力して英語で話してくれる気持ちに感謝するはずです。発音や文法が間違っていることは、**みっともないこと**ではないのです。むしろ、そうしたことを気にし過

가 어색해지는 경우를 흔히 볼 수 있습니다. 개중에는 발음은 물론 문법까지 의식하는 사람이 있으니 더 문제입니다.

사실 세상에는 발음을 의식한 영어 학습서가 넘쳐납니다.

세계 공통어라고 할 수 있는 영어는 말하는 사람에 따라 악센트나 발음이 각양각색입니다. 미국이나 영국에서 사용되는 영어만이 반드시 정확한 것도 아니며, 또 미국이나 영국 안에서도 발음이나 억양은 많이 다릅니다.

발음이나 억양보다 더 중요한 점은 친절하고 당당하게, 마치 자신이 원어민인 것처럼 **자신을 가지고** 적극적으로 상대방에게 대응하는 것입니다. 그리고 상대방의 문화를 이해하고 상대방의 마음을 울리는 제스처를 구사하며 도전해나가는 자세입니다.

그런 다음 발음을 조금씩 교정해나가면 되는 것인데 오히려 순서가 뒤바뀐 것입니다. 그것은 마치 배팅 연습만 하다가 실제로는 야구를 해보지도 못하고 시합에 나가는 것과 마찬가지입니다. 일본인은 정말로 배팅 연습을 좋아합니다.

양식 있는 외국인이라면 당신이 처음부터 유창할 것이라고는 생각하지 않습니다. 오히려 노력해서 영어로 말해주는 마음에 감사할 것입니다. 발음이나 문법이 틀리는 것

ぎて神経質になることの方が、相手に不信感を与える原因になるのです。

은 **꼴불견**이 아닙니다. 오히려 그런 문제를 너무 걱정하여 필요 이상으로 민감하게 반응한다면 상대방은 불신감을 느낄 것입니다.

第4章

グループ vs. プライバシー

状況によって
全てが変化する日本の常識
こんなに違う!
マナーと社会常識

집단 vs.
개인

제4장
집단 vs. 개인

상황에 따라
모든 것이 바뀌는 일본의 상식
이렇게 다를 수가!
매너와 상식

これは、外国人が最も不思議に思うことの一つです。酔うことに**寛容な**日本人に対して、常に自らをコントロールすることを強さと思うアメリカなどの人々は、お酒の勢いで、公の場で**はめをはずす**日本人を奇妙な目で見ています。

職場でも、「昨日飲み過ぎて辛いよ」というような会話がよくあります。しかし、これをアメリカでしたならば、個人的な弱さを職場にまで持ち込んでいるということで、たちまちマイナスに評価されてしまいます。

同様に不可思議に思われていることが、電車などで居眠りをしている日本人です。彼らから見るとあまりにも**すきだらけ**で、自らの弱点をさらけ出しているように見えてしまいます。これは日本が平和な国である証拠でしょうか。まして、通勤電車などで酔っぱらってグウグウ寝ている人を見かけますが、こうなると、彼らの常識では理解できない異常な行動となってしまいます。

日本人から見れば、余り気にならない光景が、外国人には奇異に、時には異常に映るのは興味深いことです。

숙취 때문에 힘들다고 하면 경계를 한다.

예의바르다는 일본인이 어째서 술에 취하면 돌변할까? 이해할 수 없다.

이것도 외국인이 가장 이상하게 여기는 일 중의 하나입니다. 술 취하는 것을 **관대하게** 봐주는 일본인에 비해, 언제나 자신을 잘 조절하는 것을 좋게 여기는 미국인들은 술김에 흥분한 나머지 공공장소에서 **지나치게 행동하는** 일본인을 이상한 눈으로 바라봅니다.

일본인은 직장에서도 '어제 너무 마셨더니 죽겠어'라는 말을 자주 합니다. 그러나 이런 행동을 미국에서 했다면 개인적인 치부를 직장에까지 가져왔다며 당장 부정적인 평가를 합니다.

외국인들은 전철 같은 데서 졸고 있는 일본인도 이상하게 여깁니다. 그들이 볼 때는 이런 행동 역시 **허점투성이**이며 스스로 약점을 드러내는 것으로 생각합니다. 이런 일은 일본이 평화로운 나라라는 증거인 걸까요? 통근열차에서 술에 취해 쿨쿨 자는 사람까지 있는데, 이는 외국인의 상식으로는 도저히 이해할 수 없는 기이한 행동입니다.

일본인들은 별로 신경 쓰지 않는 광경을 외국인들은 기이하게 여기거나 이상하게 생각한다니 아주 흥미롭습니다.

　日本人は比較的ビジネスでの知り合いに対しても、個人的な質問を投げかけます。というよりも、相手に対しての**好奇心**が旺盛です。日本人は、そうした質問を通して相手の背景を理解し、人間関係を構築しながら仕事を進めてゆくのです。

　それに対して、欧米の多くの国では、ほとんどの人がビジネスと個人とを明解に分けて生活をしています。したがって、よほど親しくならない限り、プライベートな情報の交換は行いません。

　最近、特にセクハラへの対策や**人種間の差別撤廃**などの目的から、職場で人をその背景で評価することはタブーになっています。それだけに、そうした誤解を受けないためにも、個人的な質問を控える傾向が強くなっているのです。

　それに対して、日本では、ビジネス上の相手ともよく夕食を共にし、そのお酒の席などで、年齢を聞くことからはじまって、結婚しているかどうか、そして子供がいるのかなどと、いろいろと個人的な質問が飛び交うことが間々あります。そして、子供がいなければ、「どうしてつくらないの？」という

왜 아직 아이가 없느냐고 물으면 화를 낸다.

개인적인 일에 왜 그렇게 관심이 많지?

일본인은 업무상 알게 된 사람에게도 비교적 개인적인 질문을 잘 던지는 편입니다. 상대방에 대한 **호기심**이 왕성하다고 할 수 있습니다. 그러한 질문을 통해 상대방의 배경을 이해하고 인간관계를 쌓아가면서 업무를 추진해나갑니다.

그에 비해 서양 대부분의 나라에서는 거의 모든 사람이 공과 사를 분명하게 구분합니다. 따라서 상당히 친해지기 전에는 개인적인 정보를 주고받지 않습니다.

특히 최근에는 성희롱에 대한 대책이나 **인종차별 철폐**와 같은 목적으로, 직장에서도 배경을 보고 사람을 평가하는 일을 금하고 있습니다. 따라서 그런 오해를 받지 않기 위해서라도 개인적인 질문을 삼가는 경향이 강해졌습니다.

그러나 일본에서는 업무상의 상대와 자주 저녁 식사를 하며, 술자리 같은 데서는 나이를 비롯해 결혼은 했는지, 아이는 있는지 같은 개인적인 질문을 퍼부을 때가 이따금 있습니다. 아이가 없다고 하면 왜 안 낳느냐며, 서양인으

ような、欧米の人から見ると**考えられないような**質問をしてくる人もいます。

　ほぼ**単一民族**で均一な社会に住む日本人にとっては、こうした情報交換によって、相手と自分との上下関係、立場を確認し、話題を共有することにより、スムーズに仕事に共に取り組める人間関係の構築を目指しているのです。

　こうした日本人の行動は、多民族が同居し、様々な価値観やライフスタイルが混在するアメリカなどの国では絶対にあり得ないことなのです。

日本人　日本の雑誌を読んでたら、抗議された。

外国人　どうして公の場で
女性のヌードや猥褻な写真を見たりするの？

69

　日本人は、電車などで、スポーツ新聞やコミック雑誌を読んだりします。そして、そうした媒体には必ずと言っていいほど、ヌードグラビアや、ポルノと言っても**過言ではない**猥褻な写真などが掲載されています。しかも、驚くことに、ニュース雑誌などですら、そうした掲載ページがあるのです。

　キリスト教的な倫理観や、儒教道徳の影響の強い、欧米やア

로서는 **상상도 할 수 없는** 질문을 하기도 합니다.

　단일민족에 가까우며 획일적인 사회에서 살고 있는 일본인은 이렇게 정보를 교환함으로써 상대방과 자신의 상하관계나 입장을 확인하고, 또 화제를 공유함으로써 함께 업무에 매진할 수 있는 인간관계를 구축하는 것입니다.

　이러한 일본인의 행동은 여러 민족이 함께 살고 다양한 가치관과 생활양식이 혼재하는 미국 같은 나라에서는 절대로 있을 수 없는 일입니다.

일본인 **일본잡지를 봤더니 항의를 하더군.**

외국인 **왜 공공장소에서 여성의 누드나 외설스러운 사진을 보는가?**

　일본인은 전철 같은 데서 스포츠 신문이나 만화잡지를 읽습니다. 그리고 그런 매체에는 반드시 누드 화보나 포르**노라고 해도 과언이 아닌** 외설스러운 사진이 실려 있습니다. 더욱 놀라운 것은 뉴스잡지까지도 그런 사진이 게재되어 있다는 것입니다.

　기독교적인 윤리관이 강한 서양이나 유교 도덕의 영향

ジアの国々から見て、日本のこうした習慣はなかなか理解されません。そしてこのことが、欧米の人が、セクハラなどに対しての日本人の感覚に**疑問を持つ**原因となっています。

　日本は、欧米や一部のアジアの国々のように、宗教に支えられた強い倫理観が希薄で、性に対する考え方も**奔放**です。もちろん、その背景には男性の性的な好奇心を満たすことに寛容な、男性優位な日本の社会背景もあるでしょう。また、上下関係など日本独特の**縦社会**のストレスに悩む社会人の精神的な**逃避行動**が、こうした性風俗に寛容な社会を造ってきたのかもしれません。

　とはいえ、欧米の人の前で、こうした雑誌を広げたり、ジョークのつもりで性に関する話題を持ち出したりしたら、人間関係そのものに**ひびがはいる**こともあるかもしれません。ジョークがジョークで済まされないこともあるのです。

이 강한 아시아 여러 나라에서 볼 때, 일본의 이러한 관습은 좀처럼 이해되지 않습니다. 그리고 이런 일은 외국인들이 성희롱에 대한 일본인의 감각에 **의문을 갖게 되는** 원인이 되고 있습니다.

일본은 서양이나 일부 아시아 국가처럼 종교에 기반을 둔 윤리관이 희박하며 성에 대한 사고방식도 **분방**합니다. 물론 거기에는 남성의 성적 호기심을 채우는 것에 관대한 남성 우위의 사회라는 배경도 자리하고 있습니다. 또한, 상하관계가 분명한 일본 특유의 **종적 사회**에서 스트레스로 고민하는 사람들의 정신적인 **도피 행동**이 이렇듯 성에 관대한 사회를 만들었는지도 모릅니다.

그렇다 하더라도 외국인 앞에서 이런 잡지를 펼쳐놓거나 농담으로 성에 관한 화제를 꺼낸다면 인간관계 그 자체에 **금이 갈** 수도 있습니다. 농담이 농담으로 끝나지 않을 수도 있습니다.

　例えば、ニューヨークの地下鉄を例にとりましょう。通勤時間、ドア付近に人が立っていても、後から乗る人はその人を奥に押し込んだりはしません。だから、ドア付近が混んでいても、中に立っている人は比較的少ないまま、電車のドアが閉められます。

　欧米の人は、自らの立つ位置や場を他人から**無理矢理侵害される**ことをとても嫌います。これは彼らのプライバシーについての意識の強さに起因した感覚といえましょう。それに対して、日本人は地下鉄の中に立っている人を押し込みながら、乗車します。他人同士での押し合いにそれほど**気を遣う**ことはありません。

　ですから、こうした行動様式の違いを知らない日本人が、ニューヨークなどで、地下鉄の中にいる人を押しながら乗車しようとすると、相手から強い抗議を受けてしまうのです。他人から触れられることへの抵抗も、欧米人の方が遥かに強いのです。

　ちなみに、日本人は、知り合いになった人同士であれば、相手との距離をむしろとろうとします。他人であれば、そうした遠慮がなく、押し合ってしまうのです。不思議なものですね。

붐비는 지하철에서 밀면 화를 낸다.

일본인들은 버스나 전철에서 너무 난폭하다.

뉴욕의 지하철을 예로 들어봅시다. 출퇴근 시간에 출입문 근처에 사람이 서 있어도 나중에 타는 사람이 그 사람을 미는 일은 거의 없습니다. 따라서 출입문 부근은 혼잡해도 가운데는 비교적 한산한 채 전철 문이 닫힙니다.

서양인은 자신이 서 있는 위치나 장소를 다른 사람이 **함부로 침범하는** 것을 굉장히 싫어합니다. 이는 프라이버시에 대한 의식이 강하기 때문이라고 할 수 있습니다. 그에 비해 일본인은 지하철 안에 서 있는 사람을 밀어넣으면서 승차합니다. 사람들끼리 서로 밀고 밀려도 별로 **신경을 쓰지** 않습니다.

이러한 행동양식의 차이를 모르는 일본인이 뉴욕에서 지하철 안에 있는 사람을 밀면서 승차하려고 했더니 상대방이 강하게 저항을 하더라는 이야기가 있습니다. 남이 건드리는 것에 대한 저항도 서양인이 훨씬 강합니다.

참고로 일본인은 아는 사람끼리는 오히려 상대방과 거리를 두려고 합니다. 남이라면 거리낌 없이 서로 떠밉니다. 참으로 알다가도 모를 일입니다.

　場や、自らが立っている位置の問題で、興味深いのが、バスなどで乗客が席に座ろうとするときです。例えば、窓側の席があいている場合、アメリカなどでは、**通路側**にいる人が立ち上がって、窓側にその人を通します。長時間乗車する新幹線や飛行機などは別にして、日常生活の中では、日本人は自分が窓側に移動して、自分の席を相手に与えます。

　この風習の違いは、興味深いですね。自分の「場」をプライバシーの一部と考える文化と、元々「場」をプライバシーと関連させない日本などの文化との違いがこうした差異として残っているのでしょう。

　最近は変化してきているとはいえ、日本人にプライバシーの意識が芽生えたのは、欧米の人よりもずっと後のことです。

　思わぬ**些細な行動**に、そうした古くからの意識の違いがでてくることは、興味深いことといえましょう。

자리를 양보하려고 했더니 당황해한다.

원하지도 않는데
왜 자리를 내어주는가?

　장소나 위치와 관련된 일 가운데, 버스 같은 데서 승객이 자리에 앉으려고 할 때 재미있는 현상을 볼 수 있습니다. 예를 들어 창 쪽 자리가 비어 있을 때 미국 같으면 **통로 쪽**에 앉은 사람은 일어서서 상대방을 안으로 들어가게 하고 다시 자기 자리에 앉습니다. 장시간 타야 하는 신칸센이나 비행기는 별개로 치더라도, 일본인은 대개 자신이 창가로 이동하고 자기 자리를 상대방에게 내어줍니다.

　이러한 관습의 차이에서 아주 흥미로운 현상을 발견할 수 있습니다. 자신의 '자리'를 프라이버시의 일부로 생각하는 문화와 애초부터 '자리'를 프라이버시와 관련시키지 않는 일본문화의 차이를 여기에서도 엿볼 수 있습니다.

　최근에는 점점 변하고 있지만, 일본인에게 프라이버시 의식이 싹트기 시작한 것은 서양인보다도 훨씬 나중의 일입니다.

　생각지도 못한 **사소한 행동**에서도 그러한 의식의 차이가 나타난다는 사실이 무척 흥미롭습니다.

　「選びの文化」と「パッケージの文化」とでも言いましょうか。欧米では、自らの欲するものをそのまま相手に伝え、自らが選択し相手に要求します。ビールでもどのような銘柄かを指定して注文することは言うまでもありません。また、レストランなどでも、メニューはあるものの、サイドディッシュに何が欲しいか、トッピングはどうするかなど、メニューに書かれていない**細かい注文が飛び交う**ことは47項で説明しました。

　そうした自らが選ぶ文化の人が日本にくると、ほとんど全てのものが前もって決められ、自分の意志を差し挟む余裕がないことに、驚き戸惑ってしまいます。例えば、日本のオフィスを訪ねたとき、訪問者に問い合わせることなく、いきなりコーヒーがでてきたりします。人によっては健康のためにコーヒーを控えていることもあるわけで、まず何が欲しいかを相手にきいて、その**要望に応えられる**ように気遣うのも、グローバルなマナーかもしれません。

　ビジネスの上でも、研修内容などを選ぶことなく、社員に強

그냥 맥주 달라고 주문하면 의아해한다.

맥주도 상표가 다양하니
의사를 분명하게 표시해야 한다.

'선택 문화'와 '패키지 문화'라고나 할까요? 서양에서는 자신이 원하는 것을 그대로 상대방에게 말해 자신이 선택한 것을 달라고 요구합니다. 맥주 역시 어떤 상표인지를 지정해서 주문하는 것은 두말할 필요도 없습니다. 또 레스토랑에서도 곁들일 요리는 무엇으로 하며 토핑은 어떻게 할지 등 메뉴에 적혀 있지 않은 것까지 **세세하게 요구하는 일이 많다고** 47항에서 설명했습니다.

이처럼 스스로 선택하는 문화권에 속한 사람이 일본에 오면, 거의 모든 것이 사전에 결정되어 있어 자신의 의사를 표시할 여지가 없다는 사실에 놀라고 당황합니다. 예를 들어 일본의 사무실을 방문하면 물어보지도 않고 커피를 내오는 일이 있습니다. 사람에 따라서는 건강 때문에 커피를 자제할 수도 있으므로 먼저 어떤 것을 원하는지 상대방에게 물어본 다음 **원하는 대로 해주려고** 신경을 쓰는 것이 글로벌 시대의 매너입니다.

업무에서도 사원이 연수 내용을 선택해서 가는 것이 아니라 시키는 대로 가야 하는 경우가 있는데, 서양인은 이러

制することがありますが、こうしたパッケージの文化に欧米か
ら来た人がなじむのはなかなか大変なことかもしれません。

한 패키지 문화에 익숙해지기가 아주 어려울 것입니다.

第2部

誤解のプロセス 応用編

決裁、交渉、そして、ビジネス・コミュニケーション

　　ごく日常の行動が、ビジネスの交渉などの場面
でどのように積み重ねられ、誤解を増幅させて
いるか。そして、「日本の文化」そのものが育
んできた海外から見ると不可思議な側面とは。
そこには、グローバリズムの中で日本人が本気
で考えなければならない課題が山積していま
す。異文化体験を繰り返し、我々はいかに成長
し、世界に通用する人材となってゆくのか。隠
れたノウハウをひもといてゆきましょう。

제 2 부

오해의 과정 응용편
결재, 교섭, 그리고 비즈니스 커뮤니케이션

지극히 일상적인 일본인의 행동이 비즈니스 상황에서는 어떤 오해를 불러일으키며, 외국인의 입장에서 도저히 이해할 수 없는 일본문화에는 어떤 것들이 있을까요? 지구주의의 관점에서 일본인이 진지하게 생각해봐야 할 문제들이 아주 많습니다. 어떻게 성장해나가야 세계에서 널리 인정받는 인재가 될 수 있을지, 다른 문화들을 풍부하게 체험하면서 숨겨진 노하우를 배워봅시다.

第1章

スペースシャトルの打ち上げ
vs. セスナの飛行

滑稽かつ深刻!! 価値観の違いが
ビジネスでの思わぬ落とし穴
いつまでも物事が決まらないと
ぼやかれる日本の組織

주선발사 vs.
행기
행

제1장
우주선 발사 vs.
경비행기 비행

우스꽝스러우면서도 심각하다!!
가치관의 차이가
비즈니스에서는 뜻하지 않은 함정
신속하게 결정을 못 내려
불만을 사는 일본의 조직

　日本人と仕事をして一番困ることはと問いかければ、多くの人が、日本人の決裁の過程が**見えない**ことだと**強調**します。多くの国では、決裁は担当責任者のプレゼンテーションに経営陣などの**決裁者**が合意し、**予算がつけば**そこで完了です。そして、決裁のあと、チームを作り、状況に応じて調整し、戦略を**練り直し**ながらプロジェクトの完成を目指します。すなわち、決裁の後で、環境の変化などで、方針や戦略が変更になることは了解されているのす。

　それに対して、日本人は、決裁にあたって、できるだけ多くのリスクをつぶし、関わることが予測されるあらゆる部門や人材との調整をすませ、何度か会議を繰り返します。したがって、決裁までの時間がかなりかかり、場合によっては様々なリスクを想定した質問があちこちから指摘されるために、**コンセンサス造り**や、**質疑応答**のためにも相当時間を費やします。

　この決裁への過程の違いは、ビジネス上多くの誤解を招きます。早い段階で決裁をした外国の会社が、**途中で方針を変更**

아직도 결재가 나지 않았냐며 날마다 재촉한다.

일본인은 결재에 시간이 너무 걸린다.
일할 생각이 있기는 한가?

일본인과 일을 할 때 가장 곤란한 점이 무엇이냐고 물으면 외국인의 대다수가 결재 과정이 **불투명하다**고 **강조**합니다. 많은 국가의 경우, 결재 과정은 담당 책임자의 프레젠테이션에 대해 경영진 등 **의사결정권자**가 합의하고 **예산을 할당하면** 그것으로 끝납니다. 그리고 결재가 나면 팀을 만들고 상황에 따라 전략을 **조정**하면서 프로젝트를 완성하기 위해 노력합니다. 즉, 결재가 난 후에 상황이 바뀌어 방침이나 전략을 변경하더라도 양해를 얻을 수 있습니다.

반면에 일본인은 결재를 할 때, 가능한 한 위험요소를 최소화하기 위해 담당자와 몇 번이고 회의를 반복하면서 예상되는 모든 문제를 조정합니다. 따라서 결재가 이루어지기까지 많은 시간이 걸리며, 경우에 따라서는 위험요소를 가정하여 여기저기서 질문을 해오기도 하므로 **합의 도출**과 **질의응답** 때문에 상당한 시간을 낭비합니다.

비즈니스에서는 이러한 결재 과정의 차이가 여러 가지로 오해를 불러일으킵니다. 신속하게 의사결정을 한 외국 기업이 **도중에** 계획을 변경하면 일본인은 그들을 '무책임

すれば、日本人は「無責任な連中だ」と思うでしょうし、い
つも海外から早い決裁を求められると、日本人は答えようが
なく、ただ、もう少し時間をくれというメッセージを繰り返
します。海外から見れば、そうした**曖昧な対応**を繰り返す日本
側に対して**疑念をいだき**かねません。しかも、やっと決裁を
した後で、海外から戦略の変更を申し出ても、日本側は今更変
更はできない状況です。**柔軟性がない**と海外の人は不満に思
い、時にはプロジェクトそのものが**宙に浮いて**しまいます。

　決裁にあたっては、こうしたビジネス文化の違いを認識
し、密に情報を共有してゆくことがとても大切です。

日本人 完璧に準備したいのに、ひどくせかされた。

外国人 なんで敢えて物事をそんなにややこしくするの。
まずは前に進もうよ。

74

　決裁でのビジネス文化の違いを見てもおわかりのように、
日本人は何をやるにしても、完璧に近い準備をしようとし、
上司もそのように要求します。日本には「**備えあれば憂いな
し**」という言葉がありますが、備えに固執し、リスクを恐れ
るあまり、最初のアクションが遅れ、早急に対応しなければ

한 사람들'로 생각하며, 외국기업에서 결재를 재촉하면 일본인은 시간을 좀 더 달라는 말을 반복합니다. 외국인 입장에서는 그렇게 **애매한 대답**을 되풀이하는 일본 측을 **의심할 수도** 있습니다. 더구나, 가까스로 결재가 끝난 후에는 외국기업에서 전략의 변경을 요청하더라도 불가능합니다. 따라서 외국인 측에서는 **융통성이 없다**며 못마땅하게 생각하므로 때로는 프로젝트 자체가 **불확실해지기도** 합니다.

결재를 할 때는 이러한 비즈니스 문화의 차이를 인식하여 긴밀하게 정보를 공유해가는 것이 매우 중요합니다.

일본인 완벽하게 준비하고 싶은데 몹시 재촉한다.

외국인 매사가 왜 그렇게 복잡한가. 우선 진행하자.

결재 과정의 비즈니스 문화 차이를 봐도 알 수 있듯이 일본인은 무슨 일이든 완벽하게 준비하려고 하며 상사도 그것을 요구합니다. 일본에는 '**유비무환**'이라는 격언이 있습니다만, 준비에 너무 집착하고 위험을 두려워한 나머지 초기의 행동이 늦어지다 보면 시급히 대응해야 할 일이 뒤로

ならないことが後手に回ったりすることも多いのです。

　備えなければならないという背景には、日本のコンセンサスに対する強いニーズがあります。関係者や上司にしっかりと報告して、問題がない段階で前に進もうとするために時間がかかり、どこからか懸念がでたり、反論がでれば、そこで行動ができなくなるのです。

　また、コンセンサスをとらずに進みだし、リスクが顕在化したときの**責任**が海外よりも厳しく**追及**されるのです。

　例えば、部下が業務で大きな失敗をしたとします。日本では、直属の上司のみならず、そのオペレーションに直接関係のないさらに上の管理者まで責任が及ぶことが多々あります。**善管注意義務違反**という名のもとに、責任が社長に及ぶこともあるのです。

　欧米では、あくまで問題を起こした人物の責任として処理され、そこから大きなスキャンダルにでも発展しない限り、組織全体で責任をとることはありません。

　充分に準備しようとする日本人の心理の背景には、そうした日本独特の制度も絡んでいるのです。

밀리는 경우가 많습니다.

미리 준비해야 한다는 사고방식의 배경에는 의견일치에 대한 일본인의 강한 욕구가 있습니다. 따라서 관계자나 상사에게 확실하게 보고하고 문제가 없는 단계에서 진행하려고 하기 때문에 시간이 오래 걸리며, 어디선가 우려와 반론이 제기되면 거기서 더 진행이 되지 않는 것입니다.

또한, 합의를 얻지 않고 진행하다가 위험요소가 나타나면 외국보다 엄격하게 **책임**을 **추궁**당합니다.

예를 들어 부하가 업무에서 큰 실책을 했다고 합시다. 이때 일본에서는 직속 상사뿐만 아니라 그 업무와 직접 관련이 없는 더 위의 관리자까지 책임을 져야 할 때가 많습니다. **관리자의 의무를 위반**했다 하여 사장까지도 책임을 져야 할 때도 있습니다.

그러나 서양에서는 어디까지나 문제를 일으킨 사람의 책임으로 처리되며, 거기서 더 큰 문제로 비화하지 않는 한 조직 전체에게 책임을 묻는 일은 없습니다.

완벽하게 준비하려는 일본인의 심리 배경에는 일본 특유의 이러한 제도도 얽혀 있습니다.

日本型の決裁のやり方を、スペースシャトル型という人がいます。時間をかけて準備を重ね、全ての部品を点検して、打ち上げに備えますが、**打ち上げ**てしまえば、すぐに**引き返す**ことは不可能です。

それと対照的なのが、アメリカ流の決裁です。それは、セスナの飛行に例えられます。まず飛び上がって、エンジンの調子が思わしくなければ、あるいは天候が変化すれば、引き返すこともあれば、**目的地**を変更します。したがって、何か製品を販売しても、思うように売れない場合は即座に方針を変更して、製造を中止したりすることも多々あるのです。

ところが、日本側では、その製品を販売するにあたって、社内だけではなく、**販売代理店**など、あらゆる関係者とコンセンサスをとっていますから、いきなり中止と言われても困ってしまいます。

一度行った決裁の変更に柔軟に対応できず、スペースシャトルのようにまっすぐ飛び上がってしまう日本。アメリカから見れば、それは決して合理的には見えないのです。しか

일본인 겨우 준비가 끝났는데 제조를 중단하라고 한다.

외국인 팔리지 않아서 제조를 중단했는데, 왜 불만인가?

　일본식의 결재 방법을 우주선 발사 방식이라고 하는 사람들이 있습니다. 이는 사전에 시간을 들여 철저히 준비하고 모든 부품을 점검해서 발사하지만 일단 **발사하고** 나면 **되돌리는** 것이 불가능하다는 것입니다.

　그와 대조적인 것이 미국식 결재 방법으로 흔히 경비행기의 비행에 비유합니다. 이 방식은 우선 날아오르고 나서 엔진의 상태가 좋지 않거나 기상이 악화되면 다시 돌아갈 수도 있고 **목적지**를 변경할 수도 있습니다. 따라서 어떤 제품을 판매하더라도 기대한 만큼 팔리지 않을 때에는 즉시 계획을 수정하고 제조를 중단할 수도 있습니다.

　하지만 일본 측에서는 그 제품을 판매하는 데 회사뿐만 아니라 **판매 대리점**을 비롯한 모든 관계자와 의견일치를 보았기 때문에 갑자기 생산을 중단하면 심각한 문제가 되고 맙니다.

　일단 결정이 내려지면 변화에 유연하게 대응하지 못하고 우주선처럼 곧장 날아올라 가버리는 일본. 미국의 관점에서 보면 그것은 결코 합리적인 방식이 아닙니다. 그러나

し、日本からアメリカを見ると、フラフラと空を漂うセスナ
は、信頼できず、危なっかしい限り。

この軋轢が、外資系企業や国際企業では頻繁におきている
のです。

日本人 過去の反省をしてもらいたいのに無視された。

外国人 日本人はなぜ
昔のことを何度も繰り返すのだろう？

76

過去の失敗や経験を詳しく検証し、間違いがあればそれを
しっかりと仕切ってからでないと、日本では物事がなかなか
前に進みません。

それに対して、同じくビジネスを展開するとき、現状と未
来にプライオリティをおき、過去にとらわれないビジネス文
化をもった国も多くあります。代表的な国はアメリカです。

したがって、日本人が過去のミスを理由にアメリカ側に詰
め寄っても、日本人が満足するお詫びや解決方法が提示されま
せん。しかも、過去のことは変えられないので、未来へ向け
てちゃんと話し合おうよと提案され、日本側は**反省がないよう
な態度**にでるアメリカ側に腹を立てます。日本人はアメリカ

일본의 관점에서 미국을 보면 갈 곳을 모르고 하늘을 떠다니는 경비행기는 신뢰할 수 없고 불안하기만 합니다.

이러한 마찰은 외국계 기업이나 국제적 기업에서 빈번하게 일어나고 있습니다.

일본인 지난 일을 반성해주면 좋을 텐데 무시해버린다.

외국인 일본인은 지나간 일을 되풀이하여 말한다.

일본에서는 매사에 과거의 실패나 경험을 자세히 검증하고, 잘못이 있으면 그것을 철저하게 마무리하지 않고서는 좀처럼 앞으로 나아가지 못합니다.

반면에 같은 상황에서 비즈니스를 전개할 때, 과거에 얽매이기보다는 현재와 미래에 우선을 두는 비즈니스 문화를 가진 나라도 많이 있습니다. 대표적인 나라가 미국입니다.

따라서 일본인이 과거의 실수를 이유로 미국 측에 잘못을 추궁하더라도 그들은 일본인이 만족할 만한 사과나 해결 방법을 제시하지 않습니다. 오히려 과거는 변하지 않으니 미래를 위한 대화를 하자고 제안하므로 일본 측에서는 **반성을 하지 않는** 미국 측에 화를 냅니다. 일본인은 미국 측

側により誠意ある対応を求めますが、アメリカ側は問題を感じたのは日本側なので、再発防止の提案をするのは日本の方だろうと思う訳です。

　こうしたことが、プロジェクトを決裁するときの摩擦となります。日本から見れば、アメリカ側が無責任で**勝手に**見えますし、アメリカから見れば、日本が過去のことをいちいち**ほじくりだして**、うるさく言ってくるものの、何をして欲しいかわからず、当惑してしまうのです。

　ニーズがある方がニーズをしっかりと提示し、解決への提案をしない限り、得てして国際社会では物事が進まないのです。

| 日本人 | 真剣に動いているのに゛認めてくれなかった。 |
| 外国人 | 上司の許可がなければ何もできないなんて、働く意味がないじゃないの。 |

77

　根回しのように、サイドでの打ち合わせを通してコンセンサスをとる日本の社会を知らない人からは、いったい日本人はどこでイニシアチブをとっているのか、全く見えてきません。

의 좀 더 성의 있는 대응을 기대하지만, 미국 측은 문제가 있는 쪽은 일본이니까 재발방지책도 일본 측에서 내놓아야 한다고 생각합니다.

이런 일들이 프로젝트를 결재할 때 마찰을 일으킵니다. 일본 측에서는 미국 측을 무책임하고 **제멋대로**라고 생각하고, 미국 측에서는 일본은 지나간 일을 일일이 **들추어내서** 까다롭게 굴기는 하는데 무엇을 원하는지 정확하게 알 수 없어 당황스럽기만 합니다.

필요한 쪽에서 원하는 것을 확실하게 밝히고 해결책을 제시하지 않는다면, 자칫 국제사회에서는 일이 제대로 진행되지 않습니다.

일본인 **열심히 일하는데도 알아주지 않는다.**

외국인 **일본인은 상사의 허락 없이는 아무 일도 못 한다.**

의사결정을 하기에 앞서 비공식적으로 의견을 조정하고 합의를 이루어내는 '사전교섭'이라는 일본문화를 모르는 사람은, 일본인은 도대체 누가 주도권을 잡고 있는지 전혀 알 수가 없습니다.

公の場で見ていると、いつも**上司の顔色をうかがって**、上司が許可しなければ何もできない**情けない**人のように見えてきます。

　海外の多くの国では、リーダーシップは表に出て、**自らのアピールがあって**はじめて認められます。根回しをした上で、一人一人と打ち合わせを行い、その上で会議の席で上司に「うん」と言わせて、議案を通すやり方は、あくまで日本流のリーダーシップの取り方なのでしょう。

　日本の組織では、現場がプロジェクトをどんどん引っ張ってゆくことがなかなか困難です。**権限委譲**が叫ばれ、縦社会や上下の社会が否定される現在にあって、日本人のこうした行動パターンは、ともすれば誤解の原因になってしまいます。日本流の決裁への複雑なプロセスは、そのまま現場への権限委譲が制限されていると思われてしまいます。しかも、恐らくそれは事実でしょう。

　このように、権限についてのコンセプトが異なる以上、日本の国内のビジネス構造とグローバルなスタンダードとの調整は常に必要になってくるはずです。

공식적인 자리에서는 언제나 **상사의 눈치를 살피고**, 상사가 허락하지 않으면 아무 일도 못하는 **한심한** 사람처럼 보입니다.

다른 여러 나라에서는 겉으로 표현하고 **능력을 보여주어야** 비로소 리더십을 인정받습니다. 그러나 일본에서는 회의 전에 관계자끼리 안건에 대해 미리 의논하여 합의를 이룬 후, 공식 회의 자리에서 상사가 'Yes'라는 대답을 하도록 만듭니다. 이러한 방식으로 안건을 통과시키는 것은 어디까지나 일본식의 리더십입니다.

일본의 조직에서는 현장에서 프로젝트를 순조롭게 이끌어 가기가 매우 어렵습니다. **권한 분산**을 부르짖고 수직적인 상하관계를 부정하려는 요즘에 일본인의 이러한 행동 유형은 자칫 오해를 불러일으킬 수 있습니다. 외국인들은 복잡한 일본의 결재 과정을 보면서 현장의 권한이 분산되어 있지 않다고 생각하는데 놀랍게도 그것은 사실입니다.

이처럼 권한에 대한 개념이 서로 다르므로 일본 국내의 비즈니스 구조를 국제표준에 맞게 항상 조정해나가야 합니다.

　全てをしっかりと準備して、問題点をつぶした上で前に進もうとする日本人は、プロジェクトなどの提案を最初に受けたとき、真っ先にリスクを考えようとします。しかし、多くの国では、まずベネフィットを考え、そこからリスクをつぶしながら**前進し**ようとします。

　そうした国の人が、日本人に提案を行うと、最初に否定的なことばかり言われるために、やる気を喪失してしまうのです。まず最低でも提案に対して評価している事柄をフィードバックし、相手に感謝する姿勢を持ってほしいのです。そして、この提案が**実現**したときの良い面、特にどんな利益があるのかを一緒に考え、そこから提案を実現するためのリスクについて、一緒に解決してゆくアプローチが必要です。「これは難しいね」という言葉を真っ先に口にすることは慎みたいものです。

　慣れないうちは、ベネフィット、目標達成への期間、目標達成への必要な条件、リスク、リスクをつぶすために必要な扶助、といった内容を表にして、提案者と一緒につぶしてゆ

위험요소를 먼저 이야기하면 외국인은 실망한다.

일본인은 너무 부정적이라서 함께 일하고 싶지 않다.

매사를 완벽하게 준비하고 문제점을 해결한 다음에 일을 진행하려는 일본인은 프로젝트를 제안받으면 가장 먼저 위험요소를 생각합니다. 그러나 다른 여러 나라에서는 이익을 먼저 생각한 다음 위험요소를 해결해나가면서 **일을 추진**합니다.

외국인들이 일본인에게 프로젝트를 제안해올 때 부정적인 면을 먼저 이야기하면 그들은 의욕을 잃어버립니다. 제안을 받으면 우선 그 제안을 평가한 다음 의견을 말하고 관심을 보여준 상대방에게 감사하는 마음을 가져야 합니다. 그리고 그 제안이 **실현**되었을 때의 좋은 점, 특히 어떤 이익이 있는지를 함께 생각한 후, 추진 과정에서 나타날 위험요소를 함께 해결해나가려는 자세가 필요합니다. '어렵겠는데요'라는 말을 맨 먼저 꺼내지 않도록 조심해야 합니다.

우선 이익 및 목표 달성까지의 기간과 목표 달성에 필요한 조건 그리고 위험요소와 그것을 제거하는 데 필요한 지원 등을 표로 만든 다음, 제안자와 함께 해결해나가는 것이

く作業をして見るといいでしょう。

　そして、提案が無理な場合は、はっきりと断り、その理由を述べるとともに、もしこうした条件が整えば可能になるというような情報を相手に提供することも忘れないようにしたいものです。

　ともかく、曖昧に「難しいね」と言うことだけはなしにしましょう。

日本人 指示をしたのに、動いてくれなかった。

外国人 日本人のボスは英語はうまいけど、
言っていることがわからないんです。

79

　日本語と英語とでロジックを構成する方法が異なっていること（54項を参照）、ついつい「あうんの呼吸」に頼ってしまう（32項を参照）ことなどから、外国の人は頻繁に日本人の指示が**曖昧だ**というクレームをします。問題は、日本人同士なら、上司の指示を勘違いした場合、部下が謝ればすむことです。しかし、アメリカなどでは、部下は自分への注意が理解できない場合、それをちゃんと指摘し、上司といえども対等に自分の立場や考えを主張します。

좋습니다.

그리고 상대방의 제안이 무리하다 싶을 때에는 확실하게 거절하고 그 이유를 설명해주면서, 만약 이러이러한 조건이 갖추어지면 가능하다는 식으로 정보를 상대에게 제공하는 것도 잊지 말아야 합니다.

어쨌든 애매하게 '어렵겠는데요'라고 말하는 일은 없어야 합니다.

일본인 지시를 해도 도무지 따르지 않는다.

외국인 일본인 상사는 영어는 잘하지만
무슨 말을 하는지 알 수가 없다.

미국인은 흔히 일본인이 무엇을 지시하는지 모호하다고 불평합니다. 이는 영어와 일본어의 논리전개 방식이 다르고 (54항 참조), 말이나 행동으로 표현하지 않아도 잘 통할 것이라고 믿는(32항 참조) 일본인의 사고방식 때문에 일어나는 일입니다. 일본인끼리라면 상사의 지시를 잘못 알아들었을 때에는 부하가 사죄하면 그것으로 끝납니다. 그러나 미국의 경우에는 상사가 주의를 주더라도 부당하다 싶으면 분명하게 지적을 하며 자신의 입장이나 생각을 대등하게 주장합니다.

上下関係などでの日本的な**しきたり**とは全く異なるこうした雰囲気になれていない日本人は、外国人の部下から反論されると、それだけで**頭に血がのぼって**しまい、英語もガタガタ。結果としてさらに**悪循環**となってしまいます。

　外国の文化背景にしたがって指示をすることは、なかなか困難です。まず、最初に、相手を**対等に扱う**ことを心がけ、相手の時間をもらってから、自分の意図を伝えましょう。その時に必要な表情や態度は第1章でも説明しました。そして、かならず相手と指示の内容を確認して、誤解を埋めることが大切です。

　もし、指示が誤解された場合、どちらがいいか悪いかではなく、双方が「誤解した」というスタンスで相手と話すのが適切です。そして、再発防止のために、どうすればよいか、チェックの仕方を話し合って合意しましょう。

　異文化でのコミュニケーションはいずれにしろ時間とエネルギーが必要なのです。慣れていきましょう。

수직적인 관계로 이루어진 일본적인 **관습**과 전혀 다른 외국의 분위기에 익숙하지 않은 일본인 상사는 외국인 부하에게 반론을 당하면 그 사실만으로도 **화가 나서** 영어마저 뒤죽박죽이 되어버립니다. 결과적으로 또다시 **악순환**에 빠지게 됩니다.

외국의 문화 배경에 맞추어 지시하기는 매우 어렵습니다. 우선 처음부터 상대와 **대등한** 입장에서 대하도록 신경을 쓰고, 상대가 시간을 허락한 후에 자신의 의사를 전하도록 합시다. 그럴 때의 표정이나 태도에 대해서는 제1장에서도 설명했습니다. 또한, 지시 사항은 반드시 상대와 함께 확인해서 오해를 바로잡는 것이 무엇보다 중요합니다.

만약 지시한 일에 대해 오해가 있었을 경우에는 어느 쪽이 옳든 간에 서로가 오해했다는 자세로 이야기해야 합니다. 그리고 어떻게 하면 재발 방지를 할 수 있을지를 서로 의논해서 합의하는 것이 좋습니다.

서로 다른 문화 간의 커뮤니케이션은 결국 시간과 에너지를 필요로 하므로 적응해나가도록 노력해야 합니다.

　これはとても重大な問題です。日本人は、英語の環境で、**具体的**にその人の業務について**感謝**したり、指導したりすることが大変苦手です。すなわち日本人は、英語の環境でのフィードバックができないと、よく批判されるのです。

　海外と仕事をする場合、あるいは外国の人を部下や同僚にもつ場合、常に相手に彼らの仕事がうまくいっているのか、あるいは話し合いが必要なのかチェックし、**ナビゲートしてゆく**ことが肝要です。

　特に、**キャリアパス**（85項を参照）を気にする海外からの社員については、毎年その人の業績を評価するだけではなく、その年の目標に対して現状がどういう状態なのかまめに話し合うことが大切です。その話し方は次項で解説しますが、まずは、相手とのフィードバックのやり取りが常に継続しているかどうか確認したいものです。こうしたキャッチボールがなく、いきなり**業績評価**のときに問題点などを指摘した場合、部下によってはただ驚いて、その後退職や、場合によっては訴訟などといった深刻なトラブルを引き起こすこともあるのです。

잠자코 있으면 상대와 더 멀어진다.

피드백이 없다. 따라서 이 회사에 있을 이유가 없다.

이것은 매우 중요한 문제입니다. 일본인은 외국인 사원의 업무에 대해 영어로 **세세하게 감사**를 표시하거나 지도하는 일에 매우 서툽니다. 이를테면 일본인은 영어로 피드백을 제대로 못 한다는 비판을 자주 받습니다.

외국을 상대로 일을 하거나 또는 외국인을 부하직원이나 동료로 두었을 때에는 일이 제대로 되고 있는지 혹은 의논할 문제는 없는지 확인하여 **가르쳐주는** 것이 아주 중요합니다.

특히 **경력 관리**(85항 참조)에 신경을 쓰는 외국인 사원에 대해서는 매년 그의 업적을 평가할 뿐만 아니라 목표에 비추어 어떤 상태에 있는지 꼼꼼하게 알려주어야 합니다. 그 방법에 대해서는 다음 항에서 설명하겠습니다만 우선 외국인 사원과 계속해서 피드백을 주고받고 있는지 확인하는 것이 좋습니다. 아무런 피드백이 없다가 **업적평가**를 하면서 갑자기 문제점을 지적하면 그 사원은 놀라서 퇴직하거나 경우에 따라서는 소송이라는 심각한 분쟁을 일으킬 수도 있습니다.

初心者の社員ほど具体的に、時が経つにしたがって、権限と責任を与え、その途上や結果に対してフィードバックを続けてゆきます。もちろん、相手からのフィードバックを受けることもあり、それは甘んじて受け取りながら、問題の解決方法を合意しましょう。

　最後に、フィードバックは、直接本人に、問題がおきたら時間をおかず、職場の中で個室などプライベートな環境で行うことが基本です。

　海外の人は、まず何よりも、こうしたフィードバックの方法自体、日本人にとっては異文化の領域であることを前もって理解し、こうした常識について、日本人と話し合っておくことも、**トラブル解消の処方箋**かもしれません。

日本人	必死でフィードバックしたら、相手が逆に切れてしまった。	
外国人	いきなり私の人格を否定するようなもの言いは許せないぞ!	81

　日本人が欧米の人々と仕事をして、フィードバックを交換する上で、真っ先に気をつけたいことは、**具体性のない抽象的な**表現で相手にメッセージを伝えようとすることです。

아직 일에 익숙하지 않은 신입사원에게는 시간이 지나고 나면 구체적인 권한과 책임을 주고, 그 과정과 결과에 대해 지속해서 피드백을 합니다. 물론 사원에게서 피드백을 받을 때도 있는데 그때는 선선히 받아들이면서 문제의 해결 방법을 합의하는 것이 좋습니다.

마지막으로 피드백을 할 때에는 문제가 일어난 즉시 프라이버시가 보장되는 직장 내의 장소를 택해 본인에게 직접 이야기하는 것이 기본입니다.

외국인 역시 일본인에게는 피드백을 하는 방식 자체가 낯설다는 것을 이해하고 이에 대해 일본인과 미리 상의하는 것도 **문제를 해결하는 방법**이 될 수 있습니다.

일본인 열심히 피드백을 해주었는데 도리어 화를 낸다.

외국인 느닷없이 인격을 모독하는 말을 듣는 건 참을 수 없어.

일본인은 서양인과 일을 하면서 피드백을 주고받을 때 가장 먼저 **구체성이 없는 추상적인** 표현으로 메시지를 전하는 일이 없도록 특히 신경을 써야 합니다.

よく、日本などで上司が部下に、「君、それは責任感の問題だよ」などと注意をしている場面があります。このフィードバックをそのまま海外で行うと、大変なことになります。結果は相手を憤慨させ、モチベーションを極度に低下させるのみ。**百害あって一理なしです**。

　人には様々な価値観と文化的背景があります。その背景は得てして目に見えません。したがって、日本人には責任感がないように見えたとしても、当の本人は結構まじめに仕事をしたつもりかもしれません。「責任感」とは抽象的な表現で、そこに何ら具体的な行動や結果とリンクするものはないのです。

　フィードバックは、抽象的な**精神論**ではなく、その人の具体的な成果や行動について行うものなのです。

日本人　自分の意見を伝えたら、反論された。

外国人　英語が苦手だからって、
　　　　少しはこっちの意見も聞いてくれ。

82

　では、どのようにフィードバックを行えばいいのでしょうか。特に問題なのは、相手がミスをしたときのフィードバッ

일본에서는 상사가 부하직원에게 '자네, 그건 책임감 문제야!' 하며 주의를 주는 일이 흔히 있습니다. 이를 그대로 외국에서 사용하면 큰 문제가 생깁니다. 이런 행동은 부하직원을 화나게 하며 사기를 극도로 저하시키므로 **백해무익**한 일입니다.

사람에게는 다양한 가치관과 문화적 배경이 있습니다. 그 배경은 눈에 잘 보이지 않습니다. 일본인 입장에서는 책임감이 없는 것처럼 보일지 몰라도 당사자는 더없이 성실하게 일을 했다고 생각할 수도 있습니다. '책임감'이라는 말은 추상적인 표현일 뿐 구체적인 행동이나 결과와 연결되는 말이 아닙니다.

피드백은 추상적인 **정신론**이 아니라 그 사람의 구체적인 성과나 행동에 대해서 해야 합니다.

일본인 상사로서 의견을 말하면 반론을 제기한다.

외국인 영어가 서툴더라도
이쪽의 의견도 조금은 들어주면 좋겠다.

그렇다면 피드백은 어떻게 하는 것이 좋을까요? 가장 문제가 되는 것은 상대방이 실수했을 때의 피드백입니다.

クです。日本人が陥りやすい過ちは、いきなり自分の意見を**一方的**に相手に伝えてしまうことです。フィードバックは、できるだけ相手の**自主性**を尊重しながら進めてゆきます。したがって、相手にフィードバックを行うときは、まずリラックスした雰囲気で、相手の良かったこともちゃんと認めながら、問題点はなかったか相手にインタビューするような形で話を進めましょう。

そして、最終的に、相手に**提言を行い**ながら、2度と同じ過ちが起きないための同意を確認したいものです。そして、最後にその人がちゃんと**モチベーション**をもって働けるように励ますことも忘れずに。

「鉄は熱いうちにたたけ」という言葉が示すように、有能な部下に上司が敢えて厳しい注意をし、時には精神論を持ち出すことすらある日本のビジネス文化の常識が、国際社会では大きな誤解の原因になるのです。

海外の人は、日本人のそうしたフィードバックが決してその人の人格を否定したりしているのではなく、逆に**信頼や親しみ**の証であることを知ってもらいたいのですが、これはなかなか困難です。**もって生まれた**文化背景が違うのですから。

일본인은 자신의 의견을 상대방에게 **일방적**으로 전달하는 실수를 자주 합니다. 피드백은 가능한 한 상대의 **자주성**을 존중하면서 진행해야 합니다. 따라서 피드백을 할 때는 편안한 분위기에서 상대가 잘한 부분을 충분히 인정해주면서 문제점은 없었는지를 인터뷰 형식으로 이야기하는 것이 좋습니다.

그런 다음에 최종적으로 상대에게 **조언하면서** 다시는 같은 실수를 반복하지 않도록 동의를 구해야 합니다. 동시에 그 사람이 분명한 **동기**를 가지고 일할 수 있게 격려하는 것도 잊지 말아야 합니다.

'쇠는 뜨거울 때 두드려라'는 일본의 속담에서 알 수 있듯이 상사가 유능한 부하에게 엄격하게 주의를 주고 때로는 정신론까지 거론하는 일은 일본의 비즈니스 문화에서는 상식입니다. 그러나 국제 사회에서는 이러한 상식이 큰 오해를 불러일으킵니다.

일본인은 그러한 피드백이 결코 그 사람의 인격을 부정하는 것이 아니라 오히려 **신뢰나 친숙함**을 나타내는 것임을 알아주기 바라지만, **타고난** 문화배경이 다른 외국인 입장에서는 좀처럼 받아들일 수 없는 일입니다.

　ビジネスなどで、常に**上下関係**を意識して、言葉遣いや態度を調節しなければならない日本人。それに対して、職場での上下関係はあったとしても、人間としては基本的に平等であるというスタンスをもつ多くの国々の人。

　この違いは第2章でも詳しく触れました。日本で上司が部下に注意を与えると、部下はよほど**理不尽**なことがない限り、上司の注意を受け入れます。それに対して、欧米では、部下はたとえ上司でも、どんどん自分の立場を主張し、反論してきます。

　この反論を、日本人はむっとして聞きながら、「なんであいつはいつも言い訳ばかりするのだろう」と、心の中で思います。そんな日本人を見て、外国からきた部下は、「なんでこの上司は**一方的に**自分のことだけを言って、私の意見に耳を貸さないのだろう」と不満に思います。

　異文化では、常にお互いの思いについて話し合う姿勢が大切です。片方だけの価値観で相手を判断してもいけませんし、それを押し付けては**逆効果**です。海外の人はすぐに言い

일본인 변명만 늘어놓아 화가 났다.

외국인 자신의 입장을 주장하는 건 당연한 일이다.

일본인은 비즈니스 관계에서 항상 **상하관계**를 의식해서 말투나 행동을 조심합니다. 그에 비해 대부분의 외국인은 직장에서는 상하관계라 해도 인간으로서는 기본적으로 평등하다고 생각을 가지고 있습니다.

그 차이는 제2장에서도 자세하게 언급했습니다. 일본에서는 상사가 부하에게 주의를 주더라도 지나치게 **부당**하지 않다면 부하직원은 이를 받아들입니다. 그러나 서양에서는 상대가 비록 상사라 할지라도 부하직원은 자신의 입장을 주장하고 반론을 제기합니다.

일본인은 이러한 반론을 못마땅하게 여기면서 '왜 저 녀석은 늘 변명만 늘어놓는 거야'라고 생각합니다. 그러나 외국인 부하직원은 그런 일본인을 보면서 상사가 **일방적으로** 자기 말만 하고 자신의 의견에 귀를 기울여주지 않는다고 불평합니다.

서로 다른 문화권의 사람끼리는 항상 서로의 생각에 관해 이야기를 나누는 것이 중요합니다. 어느 한쪽의 가치관으로 상대를 판단해서는 안 되며 이를 일방적으로 밀어붙이면 **역**

訳をするという文句は、日本人がもっとも多く**つぶやいている**不満です。

　不満を持たずに相手とフィードバックのテクニックをもって話し合うよう努めたいものです。また、**海外の人**は、日本人のコミュニケーションスタイルを理解して、少なくとも日本側に相手への**偏見**や悪気はないんだということを、最低限知っておくといいでしょう。

日本人	いろんな意見を一気に言われて、混乱した。
外国人	日本人はなんでも統率のとれた行動をとる。 自由が欲しいな。

84

　フィードバックをするにせよ、意見交換するにせよ、一歩日本を出れば、常に異なった常識やアプローチがあることを、まず日本人は理解しておくべきです。「皆人間だろ、基本は同じだよ」と言う人がいますが、人は同じものを求めていても、アプローチやプロセス、**判断基準**は文化によって異なるものです。

　多様な移民社会によって成り立っている国などでは、1つのテーマに対しても数多くの判断があり、物事の進め方があり

효과가 납니다. 일본인들이 가장 많이 **하는** 불만은 외국인들은 바로 변명부터 늘어놓는다는 것입니다,

그러나 일본인들은 불만을 가질 게 아니라 피드백의 테크닉을 익혀 상대방과 의견을 주고받는 노력을 해야 합니다. 또한, 외국인들도 일본인의 의사소통 방식을 이해하고, 적어도 **편견**이나 악감정을 가지고 있는 것이 아님을 알아야 합니다.

> **일본인** 한꺼번에 다양한 의견이 나오면 혼란스럽다.
>
> **외국인** 일본인은 무엇이든지 통솔하려고 한다.
> 자유롭고 싶다.

피드백을 하든 의견교환을 하든, 한 걸음만 일본을 벗어나면 항상 다른 상식과 접근 방법이 존재한다는 것을 일본인은 알아두어야 합니다. 인간이니까 기본적으로는 같다고 생각하는 사람이 있지만, 같은 목적을 추구하더라도 문화에 따라 접근 방법과 과정, **판단 기준**이 모두 다릅니다.

다양한 이민 집단으로 구성된 나라에서는 하나의 주제에 대해서도 수많은 의견이 있으며 일의 진행 방식도 제각각

ます。代表的な国がアメリカです。アメリカでは、良識を
もって**集団**の中にとけ込むことより、そこから突出して目立
つことの方が、良いことだという価値観があります。日本と
は逆ですね。そうしたビジネス文化の中では、100人による
100通りの判断があることはそれほど珍しいことではなく、
むしろ歓迎されることなのです。

　そうした100の判断の良いところを抽出して、1つのパワー
にまとめてゆくことが、リーダーのもつ重要な資質であると
いうわけです。また、100の意見をぶつけ合って、そこから
より良い解決方法を見いだす作業が、先に説明したブレイン
ストーム（40項を参照）に他なりません。この異なる意見の
良い部分からより高い結論を導くことを**シナジー効果**と言いま
す。**多様性**の中からシナジーを模索するが、現在のグローバ
ルなビジネスでは求められているのです。

　したがって、ビジネスの戦略などを話し合えば、誰もが**ど
んどんアイディア**を出してきて、一見収拾不可能であるかのよ
うに、**議論が白熱**します。よいリーダーは、それぞれの意見
をよく聞いて、そこに自らの提案を入れて、全体を引っ張り
ながら、その白熱した議論の中から最終案をまとめあげるの
です。

　個々の根回しや、上下関係からくる遠慮などといったビジ

다릅니다. 대표적인 나라가 미국입니다. 미국에는 일본과 달리 **집단**에 동화되기보다는 돌출되어 주목을 받는 것을 좋게 보는 가치관이 있습니다. 그러한 비즈니스 문화에서는 100명이 100가지의 의견을 내놓는 일도 드물지 않으며 오히려 환영을 받습니다.

100가지의 의견 중에서 좋은 것을 골라 하나의 힘으로 모아가는 것이 리더가 가져야 할 중요한 자질이라고 합니다. 이 100가지의 의견 중에서 더 좋은 해결 방법을 찾아내는 작업이 앞에서 설명했던 난상토론입니다(40항 참조). 서로 다른 의견 중에서 좋은 점을 찾아내고 그 속에서 더욱 수준 높은 결론을 이끌어내는 것을 **시너지효과**(synergy effect)라고 합니다. 오늘날과 같은 글로벌한 비즈니스 상황에서는 **다양성** 속에서 시너지 효과를 모색하는 일이 매우 중요합니다.

비즈니스 전략을 논의하다 보면 모두가 **계속해서 아이디어**를 내게 되므로 언뜻 보기에는 수습할 수 없을 정도로 **토론이 격렬해지기도** 합니다. 이럴 때 훌륭한 리더는 다양한 의견을 수용하면서 거기에 자신의 제안을 덧붙여 토론을 주도해 갑니다. 그리고 그 열띤 토론 속에서 최종안을 이끌어내는 것입니다.

개별적인 사전교섭과 상하관계에서 오는 조심성이 몸

ネス文化の上に立つ日本人は、こうしたリーダーシップの取り方になじめません。シナジーを求める意見の外に疎外されないためにも、時には日本的な統率の**鎖を解いて**、議論の中に飛び込んでゆく勇気も必要です。

日本人 ２年ともたずに、外国人の社員が辞めてしまう。

外国人 僕は自分のキャリアが心配なんだ。
時間を無駄にしたくないんだよ。

85

キャリアパスという言葉があります。多くの国では、自らのキャリアの向上を会社での昇進などよりも優先し、それがかなえられないと思えば、他の会社に**躊躇なく**転職してゆきます。

日本では、昔は**終身雇用**で、会社に忠誠を尽くして、会社の中で生きていくことが良いことだと思われていました。そんな風潮はかなり変化しましたが、上司が部下を訓練指導する方法、人事制度などにはまだまだ伝統的な風習が残っています。

あたかも**徒弟制度**のように、多くを語らず、上司の背中を見て仕事を学ぶことや、仕事を覚えるために、まず見習い期間として単純な作業をずっとこなしてゆくことを求められた場

에 밴 비즈니스 문화 속에서 살아온 일본인은 리더십을 발휘하는 데 익숙하지 못합니다. 시너지 효과를 이끌어내기 위해서라도 때로는 일본적인 통솔의 **굴레에서 벗어나** 논의 가운데로 뛰어드는 용기가 필요합니다.

일본인 외국인 사원은 2년도 되지 않아 그만둔다.

외국인 경력 관리를 위해 쓸데없이 시간을 낭비하고 싶지 않다.

커리어 패스(career path)라는 말이 있습니다. 세계 여러 나라의 대부분의 직장인들은 한 회사에서 승진하기보다는 자신의 경력을 향상시키기를 원하며, 경력 관리에 도움이 되지 않는다고 생각되면 **주저 없이** 회사를 옮겨버립니다.

일본에서는 예전에는 **종신고용**제도를 통해 한 회사에 충성을 다하고 그 회사에 소속되어 살아가는 것을 바람직하게 생각했습니다. 지금은 그러한 풍조가 많이 바뀌었습니다만, 상사가 부하직원을 지도하는 방법이나 인사제도 등에는 아직도 전통적인 풍습이 남아 있습니다.

마치 **도제제도**처럼 일을 제대로 가르쳐주지 않고 상사의 어깨너머로 배우게 한다거나, 수습기간을 두어 단순한 작

合、多くの海外の人は、自分の将来に対して不安を抱いてしまうのです。

　日本では、「石の上にも3年」という言葉があります。例え最初は自分が何をしているかわからなくても、**忍耐強く**繰り返していく内に、光が見えてくるということを意味した格言です。これを国際環境で部下の指導に活用すると、**逆効果**になってしまう危険性があります。

　一つ一つのステップや、評価基準を明快にして、**言葉や文章で**相手とコミュニケーションしながら、キャリアアップの道筋を考えることが大切です。特に、入社間もない人は、会社全体を知悉したジェネラリストになることより、特定の技能、すなわちスペシャリストへの希望が強いことは言うまでもありません。その人のキャリアパスを理解して業務を遂行することが求められます。

　人の指導や訓練のありかたこそ、**異文化の摩擦**がもっともおきやすい分野なのです。

업만 반복하게 한다면 대다수의 외국인은 자신의 장래에 불안을 느끼게 됩니다.

일본에는 '돌 위에 3년을 앉아 있으면 돌도 따뜻해진다'는 격언이 있습니다. 처음에는 자신이 무엇을 하고 있는지 모르지만, **인내심을 가지고** 반복하다 보면 언젠가 기회가 찾아온다는 의미입니다. 그러나 국제 비즈니스 환경에서 이런 방식으로 부하직원을 지도한다면 **역효과**를 일으킬 위험이 있습니다.

부하직원을 지도할 때는 하나하나의 단계와 평가기준을 분명히 하고, **말이나 글로** 의견을 나누면서 경력을 향상시킬 수 있는 방법을 함께 고민해주는 것이 중요합니다. 특히 신입사원들은 회사의 업무를 다방면으로 아는 박학다식한 사람보다는 특정 분야에서 기능을 발휘하는 전문가가 되기를 희망합니다. 따라서 경력을 관리하려는 부하직원의 마음을 이해하고 업무를 맡기는 것이 필요합니다.

직원을 지도하거나 훈련하는 방식이야말로 **이문화 간의 마찰**이 가장 일어나기 쉬운 분야입니다.

　日本では、前項でも説明した通り、自らのニーズよりも会社のニーズによって、社員の進路が計画されます。それとは対照的に、欧米では、社員と雇用契約をするにあたって、本人の求める職域の中で、**ジョブディスクリプション**、すなわちどのような仕事をしてもらうかを事前に合意する文化があります。それも、社員がまだ経験が浅ければより詳しく、上級職になればより広く大きな職務がリストされ、雇用者や上司と話し合いながら合意してゆきます。

　このジョブディスクリプションが合意され、それがちゃんと約束通り実行されたかが、次の契約での大きなポイントとなるのです。そして、その過程で誤解なく業務が行われ、社員に実力がついているかどうかをチェックするために、先に解説したフィードバックをしなければなりません。

　したがって、欧米の社会では、自らが契約した職域については、それを自分のテリトリーとして大切にし、**他人が介入**してくることを好みません。

　これに対して、社員を会社が雇用し、単なる技術だけでは

앞에서도 설명했듯이 일본에서는 본인의 요구보다는 회사의 필요에 따라 사원의 진로를 계획합니다. 그와 대조적으로 서양은 사원과 고용계약을 할 때, 본인이 원하는 업무영역 중에서 어떤 업무가 적합한지 **직무기술서**를 참고해가며 사전에 합의하는 문화입니다. 경험이 적은 사원에게는 좀 더 상세하게, 상급직에게는 좀 더 넓은 업무영역 목록을 제공하고 서로 의논해서 합의를 이루어나갑니다.

이 직무기술서에 합의한 다음에는 이를 약속대로 성실하게 실행하는지를 보고 다음에 다시 계약을 할지 결정합니다. 그리고 그 과정에서 사원이 차질 없이 업무를 수행하고 있는지, 실력이 향상되고 있는지를 확인하기 위해 피드백을 해야 합니다.

따라서 서양에서는 스스로 계약한 업무영역을 자신의 영역으로 중요하게 여겨 다른 사람이 **개입**하는 것을 좋아하지 않습니다.

이에 비해 일본기업에서는 회사가 사원을 고용하면 기술뿐만 아니라 인격적으로도 성장할 수 있도록 지도하기

なく、人間的にも育てようとする日本企業では、**より長期的な視野で**人材の教育が行われます。こうした環境では、職域に対する**テリトリー意識**は欧米に比べて希薄です。

よく、日本人の上司や同僚が、仕事をカバーするつもりで欧米の社員個人の職域に入り込んで、後でトラブルになることがあります。それは、個人の責任を強調する社会と、**グループで責任を共有する**日本のような社会との摩擦であるといえましょう。

日本人 一塁と二塁の間にいつもボールが抜けてしまう。

外国人 僕はただ自分の仕事をやっているだけなんだよ。
文句言わないでよ!

87

個々人の責任領域がはっきりしている海外の企業の様子を見て、それぞれの責任領域の間にボールがきたらどうするんだという文句を言う日本人がいます。

実際、日本人の間では、気づいた方が気を利かせてそのボールをキャッチして、ミスを防ぐことを期待します。そんな期待を一方的にして、それを裏切られたときに感情的に**叱責する**ものですから、日本人を上司に持つ外国の人はたまったもので

때문에 **좀 더 장기적인 안목으로** 인재교육을 합니다. 이런 환경에서는 업무에 대한 **영역 의식**이 서양에 비해 희박할 수밖에 없습니다.

　일본인 상사나 동료가 일을 도와줄 생각으로 외국인 사원의 개인 영역에 깊숙이 관여했다가 나중에 문제가 발생하는 일이 흔히 있습니다. 그것은 개인의 책임을 강조하는 사회와 일본처럼 **그룹에서 책임을 공유하는** 사회와의 마찰이라 할 수 있습니다.

> **일본인** 언제나 1루와 2루 사이로 공이 빠져나가고 만다.
>
> **외국인** 나는 단지 내 일을 할 뿐이다. 트집 잡지 마라!

　개인의 책임영역이 명확한 외국기업을 보면서, 만약 개인의 책임영역 사이로 공이 들어올 때는 어떻게 하는지 의문을 가지는 일본인이 있습니다.

　실제로 일본인들은 이를 알아챈 사람이 먼저 공을 잡아 실수를 방지해주기를 기대합니다. 일본인 상사는 일방적으로 그런 기대를 하고 있다가 만약 기대가 어긋나면 감정적으로 **질책하기** 때문에 외국인 사원들이 곤란을 겪습니

はありません。相手がこのように動くだろうと最初から期待するのは、あうんの呼吸が可能な島国日本だけだということを、ここで改めて確認したいものです。

では、アメリカではどうでしょう。責任領域の大きい**上級管理職**であれば、日本人と似たように動くかもしれません。しかし、現場にはなかなかそれは期待できません。だからこそ、大切なことは言葉でのフィードバックであり合意なのです。一塁と二塁の間にボールが抜けてしまった場合、監督である上司が一塁手と二塁手とを呼んで、問題を解決するにはどうしたらいいか、しっかりと話し合い、合意を取り付ける必要があるのです。

この合意を取り付ける作業こそが、フィードバックの最も重要な要素なのです。

日本人	日本の新人研修を見て、皆あきれてた。
外国人	ともかく前に向かって動き出さなきゃ。問題はその中で解決するんだよ。

88

責任や権限をできるだけ現場に移譲していこうというのは、最近のビジネスのトレンドです。特にアメリカや韓国の

다. 외국인이 그렇게 행동해주기를 기대하는 것은 처음부터 무리입니다. 굳이 말을 하지 않아도 상대방이 알아서 처리할 것이라는 믿음은 일본에서나 가능합니다.

그럼 미국에서는 어떨까요. 책임영역이 큰 **상급관리직**이라면 일본인과 비슷하게 행동할지도 모릅니다. 그러나 현장에서는 좀처럼 그것을 기대할 수 없습니다. 따라서 말로 표현하는 피드백과 합의가 중요한 것입니다. 1루와 2루 사이로 공이 빠져나갔다면, 감독인 상사는 1루수와 2루수를 불러 문제의 해결책을 충분히 의논하여 합의를 얻어내야 합니다.

이 합의를 얻어내는 작업이야말로 피드백의 가장 중요한 요소입니다.

일본인 일본의 신입사원 연수를 보면 다들 어이없어 한다.

외국인 일단 일을 먼저 시작하고
문제점은 그때그때 해결하면 된다.

요즘은 업무상 책임이나 권한을 가능하면 현장에 이양하려는 추세입니다. 특히 미국이나 한국에서는 일을 먼저

ように、未来へ向かいながら、**試行錯誤**で物事を解決しようという意識の強い地域からきた人は、前任者からの引き継ぎはそこそこに、自らの責任でまずはスタートして、未来を切り開いていこうとします。

さらに、ニーズがある時は、その人が積極的に動くべきだと考えるビジネス文化をもっている人たち（34項を参照）は、会社や関係者が事前に**引き継ぎ**やオリエンテーションを計画することを期待していません。

このように、必要最低限の引き継ぎやオリエンテーションですぐ職場の中に放り込まれることを当たり前と思っている彼らから見て、日本の会社が新入社員に何ヶ月にもわたって研修を行い、時には精神論まで持ち出して社員を教育しようとする様子は奇異以外の何ものでもないのです。

しかし、完璧をよしとして、準備をしすぎて損をすることはないと思いがちな日本人には、こうした海外の考え方はなかなか理解されません。勇気をもって**人に任せる**ノウハウ、そしてできるだけ徹底した情報共有を行うノウハウという二つのノウハウを一元化し、シナジー効果が生まれるような方法こそ、国際社会で求められていることなのではないでしょうか。

시작하고, 그 과정에서 일어나는 **시행착오**를 통해 문제를 해결해나가는 의식이 강합니다. 이들은 전임자로부터 간단한 인수인계를 받으면 우선 자신의 책임 범위 내에서 업무를 시작하고 미래를 개척하려고 합니다.

게다가 필요할 때는 본인이 직접 나서서 적극적으로 행동하는 비즈니스 문화에 익숙한 사람들(34항 참조)은, 회사나 관계자가 사전에 **인수인계**나 오리엔테이션을 계획하고 있을 것이라는 기대를 별로 하지 않습니다.

따라서 최소한의 인수인계나 오리엔테이션을 마치면 바로 업무에 착수하는 것을 당연하게 생각하기 때문에, 신입사원 연수에 몇 달이 걸리고 더러는 정신교육까지 하는 일본회사의 모습은 이상할 뿐입니다.

완벽을 기하기 위해 많은 준비를 하는 것은 손해가 아니라고 생각하는 일본인을 외국인의 사고방식으로 이해하기는 상당히 어렵습니다. 용기를 가지고 **일을 맡기는** 노하우와 가능한 한 철저하게 정보를 공유하는 노하우, 이 둘을 일원화해서 시너지 효과를 만들어내는 방법이야말로 국제사회가 요구하는 것이 아닐까요?

　よく、日本では若い人材に、若いからという理由でなかなか昇進できなかったり、出張の機会がなかったりということがありますね。アジアの国々は、多くの場合儒教道徳に基づき、年長者を敬い、**特別に待遇する**という文化があります。それは、すばらしいことで、道徳的にもぜひ受け継ぎたい価値観でしょう。

　しかし、職場での昇進や様々な業務上の機会を、年齢を理由に選別することは、欧米の社会ではともすれば**年齢に対する差別**となります。

　伝統的な日本社会は、**公平**という考え方に基づく社会でした。**勤務年数や学歴**によって、チャンスが分配され、そうした背景を満たす人が、まんべんなく利益を享受できるような仕組みが作られていました。

　それに対して、アメリカなどでは、**平等**という考え方が常に前面に押し出されます。それは、スタートラインは全ての人に与えられ、そこからは実力に従って、年齢や過去の学歴など関係なく評価されるという考え方です。

공평하게 대우했는데도 반발한다.

아직 젊으니까 라니?
그건 연령차별이야.

흔히 일본에서는 능력이 뛰어난 젊은 사원이 젊다는 이유로 승진에서 불이익을 받거나 출장 기회를 얻지 못할 때가 있습니다. 아시아 국가들은 대체로 유교적 도덕에 기초하여 연장자를 공경하고 **특별 대우하는** 문화가 있습니다. 이는 아주 바람직한 문화이고, 도덕적으로도 계승해야 할 가치관입니다.

그러나 직장에서 승진이나 업무상 주어지는 갖가지 기회를 연령으로 선별하는 일은 서양에서는 자칫하면 **연령에 대한 차별**이 됩니다.

전통적인 일본사회는 **공평**이라는 사고방식을 바탕으로 이루어져 왔습니다. **근무연수나 학력**에 따라 기회가 분배되고 이를 충족하는 사람들이 이익을 골고루 누릴 수 있는 구조로 되어 있었습니다.

그에 비해 미국은 항상 **평등**이라는 사고방식을 전면에 내세웁니다. 출발점은 모든 사람에게 공평하게 주어지지만 그 후로는 연령이나 학력 등과 관계없이 실력에 따라서 평가받아야 한다는 사고방식입니다.

この平等の原則と、公平の原則とは、同じようで
微妙に異なるのです。

이 평등의 원칙과 공평의 원칙은 같은 것처럼 보이지만 미묘한 차이가 있습니다.

第2章

世界 vs. 日本

日本にこだわりすぎる日本人
多様性の中でのマナーと
常識を知っていますか?

세계 vs.
일본

제2장
세계 vs. 일본

일본에 너무 집착하는 일본인
다양성 속의 매너와
상식을 알고 있습니까?

　最近日本でもセクハラや、人への差別に対してかなり厳しい
ルールを敷いている会社が増えてきました。しかし、もともと
共同体意識の強い日本では、職場でも欧米よりは遥かに、人は
同僚や部下などのプライバシーに興味を持ちます。

　欧米では、まず職場とプライベートとを分けながら、職場
では個人の領域にはできるだけ踏み込まないように慎重に配
慮されます。様々な民族が混在し、人種や宗教の異なる人が共
同で生活をしなければならなかった欧米社会では、歴史の中
で**試行錯誤を繰り返しながら、公民権**という考え方が定着しま
した。

　ビジネスの中での公民権とは、人種や宗教、年齢や性別、そ
して障害の有無などを、人の雇用や昇進などの基準にしてはな
らず、そうした違いによって人が職場で差別されないように定
められた権利のことです。最近ではその権利の中に、同性愛者
の権利も明記されるようになりました。

　日本人にとっては、これは全く未知なコンセプトです。日
本では、朝鮮半島からの移民への差別の問題は根深いものがあ

게이라고 놀렸다가 고소당했다.

사적인 취향을 이유로 놀리는 건 절대 용납할 수 없다.

최근 일본에도 성희롱이나 남녀차별에 대해 엄격한 룰을 적용하는 회사가 점점 늘어나고 있습니다. 그러나 원래 **공동체 의식**이 강한 일본에서는 직장동료나 부하직원의 프라이버시에 관해 서양보다 훨씬 관심이 많습니다.

우선 서양에서는 직장과 개인의 영역을 구분하여, 직장에서는 될 수 있는 대로 사적인 영역을 침범하지 않으려고 신중하게 행동합니다. 민족과 인종과 종교가 다른 사람들이 함께 생활해온 서양사회에서는 역사 속에서 **시행착오를 거듭하면서 공민권**이라는 사고가 정착되었습니다.

업무상의 공민권은 인종과 종교, 연령과 성별, 장애의 유무 등을 고용이나 승진의 기준으로 삼아서는 안 되며, 직장에서 그러한 이유로 차별받지 않도록 정해놓은 권리입니다. 최근에는 그 권리 가운데 동성애자에 대한 권리도 포함되었습니다.

이는 일본인에게는 아주 생소한 개념입니다. 일본에는 한반도에서 건너온 사람들에 대한 차별의식이 뿌리 깊게 남아 있었습니다. 그러나 일반적으로는 거의 **단일민족**으

りました。しかし、一般的にはほぼ**単一民族**による島国の中で移民や人種問題への意識は希薄であっても、それほど問題なかったのです。その延長として、ゲイやレスビアンといった人たちへも強い差別意識はないものの、何か非日常の特殊な人たちだという気持ちが日本人の間に**浸透し**、それを職場で平等に扱うという意識までには今もって至っていません。

　グローバルな環境で仕事をする以上、この公民権法の考え方は、必ず知っておく必要があります。差別という意識がなくても、それを感じた側の人が会社を訴え、大きな社会問題へと発展することもあるのです。そして、海外で何よりも働きやすく、居心地の良い職場環境をつくるために、まずやらなければならないことが、公民権を尊重することなのです。

日本人	チアリーダーって冗談を言ったら、厳重に抗議された。
外国人	あの人は私をそんな風にしか見ていないのよ。女性蔑視だわ。

91

　これは実際にあった話です。ニューヨークにある日系企業でのことです。そこに働いていた日本人が、アメリカ人の部下に、良い人間関係を作ろうとして、週末はどんな風にすご

로 구성된 섬나라 국민은 이민이나 인종 문제에 대해 약간은 의식하지만 크게 문제 삼지 않습니다. 따라서 일본인들도 게이나 레즈비언에 대한 차별의식이 강하지는 않으나, 그래도 뭔가 특별한 사람들이라는 생각이 일본인 사이에 **침투되어** 있으므로 직장에서는 지금도 평등하게 대우하지 못하고 있습니다.

국제적인 환경에서 일을 하는 이상 이 공민권법에 대해 반드시 알아두어야 합니다. 이쪽에서는 차별했다고 생각하지 않지만, 상대방은 차별 대우를 받았다고 생각하고 회사를 고소해서 커다란 사회문제로 발전한 사례도 있습니다. 따라서 해외에 진출한 일본회사들은 일하기 쉽고 편안한 직장 환경을 만들기 위해 반드시 공민권을 존중해야 합니다.

일본인 치어리더라고 농담을 했다가 강력한 항의를 받았다.

외국인 여성을 우습게 보기 때문에 그런 부탁을 하는 것이다.

이것은 뉴욕에 있는 일본기업에서 실제로 있었던 이야기입니다. 그곳에 근무하는 일본인 상사가 미국인 부하직원과 원만한 인간관계를 만들고 싶어서 주말을 어떻게 보

しているのと聞きました。

　その女性は、ダンススクールに通っていると答えたのです。すると、日本人の男性は、「そうか、実は僕はセントラルパークで仲間と野球をやっているんだよ。君はダンスがうまいから、僕のチームのチアリーダーになれるね」と言ったのです。

　彼女は、なんで彼のプライベートなチームのチアリーダーをしなければならないのかと思い、**むっとします**。しかも、自分はキャリアアップを求めて頑張っていて、女性を見ればチアリーダーにと思う自分の上司の女性観が許せません。結局、なんとなく気まずい雰囲気になってしまったのです。

　平等の意識が働く場所にしっかりと根付いているアメリカでは、ともすればこうした些細な会話から大きく人間関係が傷ついて、最終的には退職や、その後の訴訟などにつながることも多くあります。

　仕事の場で、**固くなって**、ジョークも言えなくなることは**マイナス**です。ただ、少なくとも、女性やマイノリティ（過去に差別の対象となっていた、黒人やラテン系、アジア系などの人々）、あるいは人種や性の趣向などについての安易なジョークは慎みたいものです。

내는지 물었습니다.

그 여성은 댄스학원에 다닌다고 대답했습니다. 그러자 일본인 상사는 '그런가. 동료와 센트럴파크에서 야구를 하는데 춤을 잘 추니까 우리 팀의 치어리더가 되줄 수 있겠군'이라고 한 것입니다.

그녀는 개인적인 팀의 치어리더를 해야 한다고 생각하자 **화가 났습니다**. 자신은 더 좋은 경력을 쌓기 위해 열심히 노력하고 있는데 치어리더나 해달라는 상사의 여성관을 용납할 수 없었습니다. 결국, 어딘지 모르게 분위기가 어색해지고 말았습니다.

평등의식이 깊이 뿌리내린 미국의 직장에서는 자칫하면 사소한 대화에서 상처를 받아 퇴직하거나 소송을 제기하는 일이 흔히 있습니다.

직장의 분위기가 농담조차 할 수 없을 정도로 **딱딱하면** 역효과를 가져올 수도 있습니다. 그러나 적어도 여성이나 소수민족(과거에 차별의 대상이 되었던 흑인 또는 라틴계나 아시아계 사람들), 또는 인종이나 성적인 취향 등에 대한 농담을 함부로 해서는 안 됩니다.

日本人は、とかく、自分たちの文化や様式、さらに社会そのものを他の国と区別して、特別視する傾向にあるようです。

「日本の商習慣はユニークなのですよ」などと言って、日本の特殊性をアピールする人も多くいます。実際、ユニークという言葉が日本人は大好きで、少し英語の喋れる人であれば、ほとんどの人が、日本を語るときにこの言葉を使っています。

しかし、そういう風に言われた外国の人は、何か自分たちが阻害されたような気分になります。そして考えます。「日本はユニークだって?どこの国だってユニークなものはあるじゃないか」と。

そう、世界中どんな所でも、ユニークでそれぞれの**特徴**や異なった文化背景があるのです。おおらかにグローバルな視点に立ったとき、「日本はユニーク」なのではなく、「日本も他の国と同じように、独特の風俗や習慣がある」ということになるはずです。

日本人は、自らの目線を日本から離して、「世界に多々ある

일본인은 일본의 문화나 양식, 더욱이 일본사회 자체를 다른 나라와 구별하고 특별시하는 경향이 있는 것 같습니다.

일본인 중에는 일본의 상거래 관습이 유니크하다며 그 특수성을 강조하는 사람도 많습니다. 실제로 일본인은 '유니크'라는 말을 아주 좋아합니다. 영어를 조금이라도 아는 사람은 일본에 대해 이야기를 할 때면 대부분 이 표현을 사용합니다.

그러나 그런 말을 듣는 외국인은 왠지 자신들이 소외당하는 것 같은 느낌을 받습니다. 그래서 '일본이 유니크하다고? 세상에 유니크하지 않은 나라가 어디 있어?'라고 생각합니다.

그렇습니다. 세계 어느 나라든지 각각 유니크한 **특징**과 문화를 가지고 있습니다. 국제적인 시각에서 크게 보면 '일본은 유니크'한 것이 아니라 다른 나라와 마찬가지로 독특한 풍속이나 관습이 있을 뿐입니다.

일본인은 이제 일본 중심적 사고에서 벗어나 '일본도 세

国の一つである日本」という視点で見ることによって日本を語る習慣をつけてみるとよいかもしれません。

| 日本人 | 日本は美しい四季があるって説明したら、変な顔された。 |
| 外国人 | 日本人ってよほど自分たちの国が優れているって思っているのかな。 |

93

　「日本はユニーク」という発想を象徴的に示すもの事例が、「日本には美しい四季があって」という風に日本を解説することではないでしょうか。「日本文化は自然を慈しみ、自然の繊細な移ろいを味わう感性によって育まれています」といった解説をよく耳にしていませんか。

　自然を慈しむ豊かな感受性は、世界のどこの人でも持っています。日本には美しい四季があってと言うと、俺の国だって同じじゃないかと思われてしまいます。実際、日本の方が、自然破壊が進み、自然の美しさを軽んじているようなこともあるはずです。

　大切なことは、**主観的**な表現ではなく、**客観的**で、状況を正しく**具体的**に描写する言い方や解説方法をとることです。日本の芸術作品には確かに自然との調和をコンセプトにした美し

계의 수많은 나라 가운데 하나'라는 관점에서 말하는 습관
을 길러야 합니다.

일본인 일본에는 아름다운 사계절이 있다고 했더니
떨떠름한 표정을 짓는다.

외국인 일본인들은 정말로 일본이 뛰어나다고 생각하는가?

'일본은 유니크하다'는 발상을 상징적으로 보여주는 사
례가 '일본에는 아름다운 사계절이 있다'는 식으로 일본을
설명하는 것입니다. 일본문화는 자연을 사랑하고 자연의
섬세한 변화를 음미하는 감성에 의해 성숙해왔다는 설명
을 들을 때가 종종 있습니다.

자연을 **사랑하며** 소중히 여기는 풍부한 감수성은 세계
어느 나라 사람이나 다 가지고 있습니다. 일본에는 아름다
운 사계절이 있다고 하지만 아름다운 사계절을 가진 나라
는 많이 있습니다. 실제로 일본이 다른 나라보다 더 자연파
괴가 진행되고 자연의 아름다움을 가벼이 여기는 부분도
있을 것입니다.

중요한 것은, **주관적**이 아니라 **객관적** 관점에서 상황을
바르고 **구체적**으로 묘사하고 설명하는 일입니다. 확실히

いものがあります。その場合、その美しさを日本文化はというような一般的な表現ではなく、個々の作品や流派についての客観的な表現方法の解説の中で説明すれば、海外の人にも受け入れられやすくなるのではないでしょうか。

ただ、「日本には……」と言い続けると、それは海外と比較して日本が卓越しているというナショナリズムに聞こえてしまうのです。

日本人 日本は安全だと言ったら、オウム事件の話をされた。

外国人 日本人のプライドは鼻につく。
身の回りに起きていることを考えてみな。

94

ユニークという言葉と同じく日本人が自慢することに、日本は安全であるという神話があります。

確かにいくつかの主要な国と比較した場合、犯罪の発生件数や**頻度**は、まだまだ日本は少ないようです。しかし、同時に世界中を驚かせるような犯罪が起きていることも事実です。

問題は、ただ「安全」とか「美しい」とか、「便利である」ということを強調し、自らの弱点を**覆い隠す**ことは、国家の**宣**

일본에는 자연과의 조화를 바탕으로 한 아름다운 예술작품이 많습니다. 그런 경우에는 그 아름다움을 주관적이고 일반적인 표현으로 설명하지 말고 각각의 작품이나 유파에 대해 객관적으로 설명해야 외국인도 쉽게 받아들일 것입니다.

'일본에는……' 하고 이야기를 이어간다면 이는 외국과 비교해서 일본이 뛰어나다는 민족주의 사고방식처럼 들립니다.

일본인 일본은 안전하다고 했더니 옴진리교 사건을 꺼낸다.

외국인 일본인의 자만심에 이젠 질려버렸다.
주변의 사건도 돌아보기를 바란다.

일본은 안전하다는 신화가 있습니다. 이는 유니크라는 말 못지않게 일본인이 자랑스러워하는 말입니다.

확실히 몇몇 주요 국가와 비교해보면 범죄의 발생건수나 **빈도**는 일본이 적을 것입니다. 그러나 동시에 전 세계를 놀라게 한 범죄가 발생한 것도 사실입니다.

단지 '안전하다'든가 '아름답다' 또는 '편리하다'는 것만 강조하고 자신의 약점을 **감춘다면** 마치 국가를 **홍보하는 것**

伝活動のように思われてしまうということです。もし、**安全神話**について語るのであれば、具体的な統計資料と、さらには日本で頻繁に発生する犯罪にはどのようなものがあるかといった実例なども合わせて紹介することをおすすめします。

　「日本は安全だよ。事件に遭うまではね」といったジョークで聞く人の心を和ますぐらい、肩のはらない日本解説に努めたいものです。

日本人	日本は準備万端と言ったら、建物が倒壊した。
外国人	どこで何が起きるかわからないから、安易に威張るのはよしたほうがいいね。

95

　こうした日本特殊論からくる日本人のプライドをへし折った象徴的な事件が、神戸淡路大震災でした。大震災が起きる少し前に、アメリカでの地震を見た日本の政府関係者が、「日本は地震については**充分な**準備ができている」と報道陣の前で説明したことがありました。

　謙遜の精神があるはずの日本人が、なぜあのようなコメントをしたのでしょう。それは、やはり日本特殊論からくる日本人のプライドが、謙遜の精神よりも強力に作用したからで

처럼 보입니다. 만약 **안전신화**에 대해 이야기를 하려면 구체적인 통계자료와 함께 일본에서 빈번하게 발생하는 범죄에 관한 사례도 모아서 소개하기를 권합니다.

'일본은 안전해요, 사고를 당하기 전까지는 말이죠.' 하는 식으로, 외국인도 편안하게 들을 수 있도록 익살스럽게 일본을 소개하기 바랍니다.

> **일본인** 일본은 만반의 준비를 갖췄다고 말했는데 건물이 무너졌다.
>
> **외국인** 언제 무슨 일이 일어날지 모르니 너무 큰소리치지 말도록.

한신・아와지 대지진(원문은 고베・아와지 대지진)은 '일본은 특별하다'고 생각하는 일본인의 자긍심을 꺾어놓은 상징적인 사건이었습니다. 한신・아와지 대지진이 일어나기 얼마 전, 미국에서 일어난 지진을 본 일본의 정부관계자가 '일본은 지진에 대해 **충분한** 준비를 하고 있다'고 보도진 앞에서 설명한 일이 있었습니다.

겸손을 미덕으로 아는 일본인이 왜 그런 말을 했을까요? 이는 역시 일본은 특별하다고 생각하는 일본인의 자긍심이

しょうか。

　確かに、日本人はある**一線を越える**と、謙遜どころか**傲慢**になってしまうようですね。その心理プロセスの変化は興味深いものです。グループで活動するとき、海外に日本文化を語るとき、日本人は不思議と慎ましさを忘れてしまうのです。

`日本人` アジアに来たと言ったら、びっくりされた。

`外国人` 日本人は自分をアジアと切り離したがる。
あのプライドいやだね。

96

　地理的に、日本はアジアの**北東の端**にあり、そして島国です。それに加えて、戦前には日本はアジアへの植民地支配を強め、戦後は経済力で長い間アジアの他の国を**凌駕して**いました。さらに、明治時代以降、**西欧化**に熱心だった日本は、最近までアジアより欧米の方に目を向け、自らも欧米に近い国だという意識を持っていました。

　したがって、日本人の中には、日本がアジアに属しているにもかかわらず、自らがアジアとは別の国の人間だという意識が根強く残っています。お隣の韓国や台湾に行っても、ア

겸손이라는 미덕보다 강력하게 작용했기 때문일 것입니다.

확실히 일본인은 어느 **한계를 넘어서**면 겸손하기는커녕 **오만**해지는 것 같습니다. 그 심리과정의 변화는 꽤 흥미롭습니다. 일본인은 이상하게도 단체로 활동할 때나 외국인에게 일본문화를 설명할 때는 신중함을 잊어버리고 맙니다.

> **일본인** 아시아에 왔다고 하니 깜짝 놀란다.
>
> **외국인** 일본인은 아시아인이면서 아시아인이기를 거부한다.
> 그런 자부심은 싫다 싫어.

지리적으로 일본은 아시아의 **동북쪽 끝**에 있는 섬나라입니다. 또, 제2차 세계대전 전에는 아시아에 대한 식민 지배를 강화했으며, 전쟁 후에는 경제력으로 다른 아시아 국가를 오랫동안 **능가했**습니다. 더구나 메이지유신 이후 **서구화**에 열중했던 일본은 최근까지도 아시아보다 서양에 눈을 돌려 스스로 서양에 가까운 나라라는 의식이 있었습니다.

따라서 일본인에게는 일본이 아시아에 속해 있음에도 아시아인과는 다르다는 의식이 강하게 남아 있습니다. 이웃 나라인 한국이나 타이완에 가서 '아시아에 왔다'고 생각

ジアにやってきたと思う日本人がいるのは滑稽です。

　最近、中国をはじめとした近隣諸国の経済的発展によって、日本人もアジアへの意識を変えつつあります。また、最近欧米でもアジアのものの考え方や、日本を含めたアジア発信のアートなどが注目されるようになり、アジア全体への意識も変化してきました。

　日本は、戦争経験という歴史的背景もあり、アジアの多くの国との**距離を縮める**ことに苦労しています。日本人の意識がもっと変化し、アジアの他の国との交流を深めるためには、自らもアジアの一員であるというアイデンティティの構築が必要なのではないでしょうか。

日本人	「ガイジン」って言ったら、嫌な顔された。
外国人	「内」には決してなれないんだ、俺たちは!

97

　日本に長く住む外国人に、日本語で嫌いな言葉はときくと、多くの人が「ガイジン」と指摘します。これを聞くたびに、外国の人は、自分たちは決して日本の社会では「内」にはなれないんだと思うのです。

하는 사람이 있다니 참으로 우스운 일입니다.

최근 중국을 비롯한 이웃 나라들이 경제적으로 크게 발전하자 아시아에 대한 일본인의 인식도 바뀌고 있습니다. 최근에는 서양에서도 아시아의 사상이나 일본을 포함한 아시아의 예술에 주목하면서 아시아 전체에 대한 의식이 변하고 있습니다.

그러나 일본은 전쟁을 일으켰다는 역사적 배경이 있기 때문에 아시아의 여러 국가와 **거리를 좁히는 데** 상당히 고전하고 있습니다. 일본이 아시아 국가들과 교류를 돈독히 하기 위해서는 일본인 스스로 좀 더 의식을 바꾸어 아시아의 일원이라는 아이덴티티를 가져야 할 것입니다.

일본인 '외국인'이라고 하면 불쾌한 표정을 짓는다.

외국인 일본에서 외국인은 결코 '우치(內)'가 될 수 없다.

오랫동안 일본에 살고 있는 외국인에게 일본어 중에서 가장 불쾌하게 생각하는 말이 무엇이냐고 물으면 대부분 '외국인'이라는 말이라고 합니다. 외국인은 이 말을 들을 때면 자신들이 결코 일본사회에서 '우치(內, 자신이 소속된 단체나 공

世界の多くの国は、アメリカだけではなく、フランスもイギリスも、そしてインドでもマレーシアでも、シンガポールでも多民族が同居しています。そこには、国籍上の「外国人」という概念はあっても、国内にいる人に対して「ガイジン」という概念自体が存在しません。日本人がガイジンと言うとき、そこには単に国籍の違いを指すのではなく、日本人と他の民族をはっきりと区別する意識が見えるのです。

　昔は、「異人」という言葉がありましたね。こうなるとガイジン以上です。なにせ異なる人なのですから。ガイジンと呼ぶ日本人のメンタリティを敏感に察知するが故に、外国の人はこの言葉を嫌うのです。

日本人 アメリカではあんたが「ガイジン」よって笑われた。

外国人 日本人はどこまでいっても、
日本人の殻の中にいたがるのかなあ。

98

　「ガイジン」という言葉については、面白い話があります。アメリカに行った日本人が、アメリカ人のことを「ガイジン」と呼んでいるのを何度か見たことがあるのです。よく

동체, 국가: 옮긴이)'가 될 수 없다는 생각이 든다고 합니다.

미국뿐만 아니라 프랑스, 영국, 인도, 말레이시아, 싱가포르 등 세계의 여러 나라가 서로 다른 민족과 어울려 살아가고 있습니다. 그러나 그곳에는 국적에 따른 '외국인'이라는 개념은 있지만, 국내에 살고 있는 사람에 대해서 '외국인'이라는 개념 자체가 없습니다. 일본인이 '외국인'이라고 하는 경우는 단순히 국적만 다르다는 의미가 아니라 일본인과 다른 민족을 확실하게 구별하고 있음을 엿볼 수 있습니다.

예전에는 '이방인'이라는 말이 있었는데 이는 '우리와 다른 사람'이라는 의미이므로 '외국인'이라는 말 이상으로 거리가 느껴집니다. 외국인들은 이러한 일본인의 심리를 민감하게 알아차리기 때문에 이 말을 싫어하는 것입니다.

일본인 '미국에 가면 일본인이 외국인'이라며 비웃는다.

외국인 일본인은 왜 '일본인'이라는
세계 속에 갇혀 있고 싶어 하는가?

'외국인'이라는 단어에 얽힌 재미난 이야기가 있습니다. 미국에 간 일본인이 미국인을 보고 '외국인'이라 하는 것을 여러 번 들은 적이 있습니다. 잘 생각해보면 미국은

考えれば、ここは外国、すなわち、自分こそ「ガイジン」ではないですか。

「外」という言葉は、外国の「外」にはじまって、日本と他の国の人や文化を区別するときに使用する言葉です。外資系、外車、外交などなど。我々は無意識のうちに、自分と他の国とを内と外の概念で区別しています。もちろん、**言語的**に見るならば、それは英語や他の言語にも共通した**現象**かもしれませんが、問題は意識です。

ある人が、まだ日本車があまり走っていない時代にロサンゼルスに行って、日本に電話をしたとき、「さすがロサンゼルスだよ。走っている車は外車ばかり」と言ったというジョークがあります。ここでいう外車は日本車ではなく、アメリカの車です。当時はまだアメリカ車の評判がよく、日本では高級車と思われていたのでしょう。

ガイジンパスという言葉もあります。外国人だから、日本のシステムや風習に従わなくても**仕様がない**という意味の言葉です。フィードバックをもらえないまま、永遠に日本の社会に**とけ込めない**外国人がいるとしたなら、その責任の一端は日本人にもあるのかもしれませんね。

일본인에게 외국이니 자신이 바로 '외국인'인데도 말입니다.

'외'라는 단어는 외국, 외국자본, 외제차, 외교 등 일본과 다른 나라 사람이나 문자를 구별할 때 사용하는 말입니다. 일본인은 무의식중에 자신과 다른 나라를 안과 밖이라는 개념으로 구별하고 있습니다. 물론 **언어적**으로는 영어를 비롯한 모든 언어에 공통되는 **현상**이겠지만 문제는 의식입니다.

미국에 아직 일본차가 많지 않을 때의 이야기입니다. 일본인이 로스앤젤레스에 가서 일본에 전화를 걸어서 '과연 로스앤젤레스는 다르네요. 달리는 차들이 전부 외제차뿐이에요'라고 했다는 우스갯소리가 있습니다. 여기서 말하는 외제차는 일본차가 아니라 미국차입니다. 당시 일본에서는 미국차의 평판이 좋고 고급차라는 이미지가 강했습니다.

'외국인은 통과'라는 말도 있습니다. 외국인이기 때문에 일본의 시스템이나 풍습에 따르지 않더라도 **어쩔 수 없다**는 뜻입니다. 일본사회에 끝내 **어울리지 못하는** 외국인이 있다면 그 책임의 일부분은 일본인에게 있는지도 모릅니다.

日本は、やはり**中央集権的な**国で、みんなそんな社会を当然と思っているようです。例えば、**教育制度**。小学校の1年生、2年生とそれぞれの学年で何を学んで、どのように子供を指導するか、文部科学省の方針によって、それは統率されていますね。

例えば、アメリカでは、それぞれの地方や町、そして学校によって教育方針が異なっています。連邦政府が統一したカリキュラムで、全米の教育制度を管轄するなど考えられないことなのです。

他にも様々な違いがあります。典型的なものは、**裁判制度や**民事、刑事などの法律です。日本では**全国共通**ですが、アメリカでは州によってその内容が異なっていることは、**周知の事実**です。

元々、江戸時代のみならず、最近まで、官が上で、民が下という発想で国が運営されていた日本。それに対して、それぞれの地域や個々人の**意向**をできるだけ反映させた**分権主義**に根差して国創りをしてきたアメリカを代表とする国々。

일본인 미국은 질서가 없어 보인다.

외국인 뭐, 정말!?
미국에서는 그런 일은 각 지역에서 결정한다.

일본은 역시 **중앙집권적인** 국가이며 국민도 그런 사회를 당연시하는 것 같습니다. 예를 들면 **교육제도**가 그렇습니다. 일본에서는 초등학교 1학년, 2학년과 각 학년에서 무엇을 배우고 학생들을 어떻게 지도해야 하는지가 문부과학성의 방침으로 정해져 있습니다.

그러나 미국에서는 각 지역이나 학교에 따라서 교육 방침이 다릅니다. 연방정부가 통일된 커리큘럼으로 미국 전체의 교육제도를 관할한다는 것은 상상도 할 수 없는 일입니다.

그 밖에도 여러 가지 차이가 있습니다. 전형적인 것은 **재판제도**와 민법, 형법 같은 법률입니다. 일본에서는 이 모든 것이 **전국공통**입니다만 **아시다시피** 미국은 주에 따라서 그 내용이 다릅니다.

일본은 원래 에도시대뿐만 아니라 최근까지도 관이 위에 있고 민은 그 아래에 있다는 발상으로 국가를 운영해왔습니다. 그에 비해 미국을 비롯한 여러 국가에서는 가능한 한 지역이나 개인의 **의향**을 반영한 **분권주의**를 기반으로 국

おのずと、国民の常識や判断の基準などに違いがでても当然です。

　グローバルな時代、日本は否応なく世界と交流し、世界に開かれてゆきます。国や民族の数だけ異なった価値観や風習があり、その背景に豊かで多彩な文化があります。

　日本人の苦手なこととしてよく言われることは、こうした多様性に**なじむこと**です。日本の**尺度**を捨てて、多様な価値観を持つ人の異なった道徳やコミュニケーションの方法に適応することが、これからの時代には求められます。

　日本はほぼ単一民族の国と日本人は強調します。そこから、先に記した「日本人ユニーク説」がうまれ、日本人は、海外とのコミュニケーションのときに、それを言い訳として使用します。

　しかし、日本をグローバル市民の一つととらえれば、日本人は**否応なく**、多様性の中に放り込まれているのです。単一民

가를 이룩해 왔습니다. 따라서 국민의 상식이나 판단 기준 등에서 차이가 나는 것은 당연한 일입니다.

일본인 다양성을 강조해서 혼란스럽다.

외국인 일본인도 다양할 테니 단일민족이라고 특별히 강조하지 말기를.

글로벌 시대인 만큼 일본도 좋든 싫든 세계와 교류하며 문호를 열어가고 있습니다. 국가나 민족의 수만큼이나 다른 가치관과 풍습이 있으며 풍부하고 다채로운 문화가 있습니다.

흔히 일본인은 이러한 다양성과 쉽게 **친숙해지지** 못한다고 합니다. 이제부터는 일본식 **잣대**를 버리고 다양한 가치관을 가진 사람들의 서로 다른 도덕관과 의사소통 방식에 적응해야 합니다.

일본인은 일본이 단일민족 국가나 마찬가지라고 강조합니다. 그런 생각 때문에 앞에서 서술했던 '일본은 유니크하다'라는 말이 생겼으며 일본인은 외국인과 소통을 할 때 변명처럼 그 말을 사용합니다.

그러나 일본인이 스스로 글로벌 시민으로 여긴다면 **좋든 싫든** 이 다양성을 받아들여야 합니다. 그럴 때에는 단일

族という概念自体がその場合意味をなさなくなるわけです。

　多様性こそ、今日本人が体験しなければならない、最も重要な異文化体験なのです。

민족이라는 개념 자체가 의미를 잃어버리게 됩니다.

　다양성이야말로 오늘날 일본인이 경험해야 할 가장 중요한 이문화 체험입니다.

おわりに

だから世界ではあうんの呼吸は通用しないんだよ。

　中央集権型で、多様という言葉になじみの少ない日本人。そんな日本人が世界と本格的に交流しはじめて140年。英語ができるだけでも、世界の地理や歴史が理解できただけでも、そんな多彩な世界と本格的に交わってゆくことはできないのです。

　日本人は「勉強」が好きですね。もちろん勤勉なことはいいことです。しかし、まずぶつかって、試行錯誤を繰り返しながら、異文化の中で自分を調整しながら、相手と理解し合ってゆくというアプローチが、日本人は比較的苦手です。

　というより、人と交流するためのアプローチの仕方そのものも、国によって多様に異なるのです。失敗を恐れずに、一つのコミュニケーションスタイルにこだわらないこと。日本だけを特別扱いにしないこと。そしてなによりも、多様性を楽しむ前向きな考え方をもつこと。

　日本人に必要なことは、この三つのアプローチなのかもしれません。

마치면서

세계에서는 이심전심이 통하지 않는다.

일본인은 중앙집권적 체제에서 살아오면서 다양성이라는 말과 별로 친숙하지 못했습니다. 그런 일본인이 세계와 본격적으로 교류하기 시작한 지도 140년이 흘렀습니다. 일본인이 비록 영어로 말할 수 있고 세계의 지리나 역사를 이해한다 하더라도 다양성을 받아들이지 않으면 전 세계와 본격적으로 교류해나갈 수 없습니다.

일본인은 배우기를 좋아합니다. 근면한 것은 물론 좋은 일입니다. 그러나 일본인은 우선 부딪쳐보고 시행착오를 되풀이하면서 다른 문화 속에서 자신을 조절하고 세계 여러 나라의 사람들과 이해를 나누는 접근방식에는 비교적 서툽니다.

사람들과 교류하기 위한 접근방식은 나라마다 다릅니다. 실패를 두려워하지 말고 의사소통을 할 때도 한 가지 방식에만 집착하지 말아야 합니다. 일본만을 특별취급하지 말고 무엇보다도 다양성을 즐기는 적극적인 사고방식을 가져야 합니다.

일본인에게는 이 세 가지의 접근방식이 필요합니다.

著者 **山久瀬 洋二**

　1955年大分県生まれ。日本の大手出版社のニューヨーク駐在員を経て独立。同地にメディアエージェントおよびコンサルティングファームを設立。以降アメリカの異文化ビジネスに関するコンサルティングファームであるクラーク・コンサルティング・グループなどのシニアコンサルタントとして注目を浴びる。日本や欧米の100社近くに及ぶグローバル企業での人事管理、人材開発を中心としたコンサルティング活動を展開。特に異文化環境でのプロジェクト進行などをテーマにした様々なジョイントプロジェクトの立ち上げに関わる。

지은이 **야마쿠세 요지**

　1955년 오이타 현에서 태어났다. 일본 유력출판사의 뉴욕 주재원을 거쳐 독립했고 뉴욕에서 미디어 에이전트 및 컨설팅 팜을 설립했다. 이후 미국의 다문화 비즈니스에 관한 컨설팅 팜인 클라크 컨설팅 그룹 등의 시니어 컨설턴트로서 주목을 받았다. 일본과 서구에서 100여 개의 글로벌 기업 인사관리, 인재개발을 중심으로 한 컨설팅 활동을 전개했으며, 특히 다문화 환경에서 프로젝트 진행 등을 테마로 한 다양한 조인트 프로젝트에 참가했다.

韓国語訳者 **イ ギョンス**

ガンファで生まれ、ハンヤン大学と同大学院を卒業した後、日本の広島大学の日本語教育学研究科で教育学博士号を取得した。現在、韓国放送通信大学日本学科で教授として在職中。

カナダUBC大学で客員教授、韓国放送通信大学の中央図書館館長、日本学会日本語教育委員長、韓国日語教育学会編集委員長、韓国日本語学会副会長を務めた。

検定済中学校・高等学校日本語教科書を執筆した外に、『日本語文法の達人になる方法』（著）、『日本語からたどる文化』（共訳）など多数の著書がある。

印象深いものとして、讃岐うどんの本場である香川県のうどん村で麺が淡泊でコシが強いうどんを作って食べた記憶がある。韓国のうどんと似ていながらも何か違った。あれは何だったのだろうか。

옮긴이 **이경수**

　강화에서 태어나 한양대학교와 동 대학원을 졸업 후 일본 히로시마대학 일본어 교육학 연구과에서 교육학 박사학위를 취득했다. 현재, 한국방송통신대학교 일본학과에서 교수로 재직 중이다.

　캐나다 UBC대학 방문교수, 한국방송통신대학 중앙도서관 관장, 일본학회 일본어교육위원장, 한국일어교육학회 편집위원장, 한국일본어학회 부회장을 역임했다.

　검인정 중·고등학교 일본어 교과서를 집필했으며 이외에『일본어문법 달인이 되는 법』(지음),『일본어로 찾아가는 일본문화탐방』(공역) 등 저서가 다수 있다.

　인상 깊었던 것으로 사누키 우동의 본고장인 가가와 현의 우동마을에서 면발이 담백하고 쫄깃한 우동을 만들어 먹었던 기억이 있다. 우리나라 우동과 비슷하면서도 뭔가 달랐다. 그건 뭐였을까?

일본인이 오해받는 100가지 말과 행동

국제교류와 비즈니스에서 일본을 이해하는 힌트

ⓒ 야마쿠세 요지, 2013
ⓒ 이경수, 2013

지은이 **야마쿠세 요지**
옮긴이 **이경수**
펴낸이 **김종수**
펴낸곳 **한울엠플러스(주)**

초판 1쇄 발행 **2013년 5월 20일**
초판 2쇄 발행 **2022년 5월 30일**

주소 **10881 경기도 파주시 광인사길 153 한울시소빌딩 3층**
전화 **031-955-0655**
팩스 **031-955-0656**
홈페이지 **www.hanulmplus.kr**
등록번호 **제406-2015-000143호**

Printed in Korea
ISBN 978-89-460-8189-5 03300